本书系广东省教育科学规划领导小组 2023 年度中小学教师教育科研能力提升项目《基于学历案的初中人工智能教—学—评一体化实践研究 》（课题编号：2023ZQJK114） 的研究成果

广东省中小学"百千万人才培养工程"
初中理科名教师培养项目丛书

丛书总主编：于　慧　李晓娟

让学习真正发生

初中信息科技PBL设计与实践

詹宋强　著

暨南大学出版社
JINAN UNIVERSITY PRESS

中国·广州

图书在版编目（CIP）数据

让学习真正发生 ：初中信息科技 PBL 设计与实践 ／
詹宋强著． -- 广州 ：暨南大学出版社，2024. 9.
（广东省中小学"百千万人才培养工程"初中理科名教师
培养项目丛书 ／ 于慧，李晓娟总主编）． -- ISBN 978-7-
5668-3954-1

Ⅰ．G633.672

中国国家版本馆 CIP 数据核字第 2024SA0920 号

让学习真正发生：初中信息科技 PBL 设计与实践
RANG XUEXI ZHENZHENG FASHENG：CHUZHONG XINXI KEJI PBL SHEJI YU
SHIJIAN
著　者：詹宋强

···

出 版 人：阳　翼
统　　筹：黄　球　潘江曼
责任编辑：黄　球　梁念慈
责任校对：刘舜怡　陈皓琳
责任印制：周一丹　郑玉婷

出版发行：暨南大学出版社　（511434）
电　　话：总编室（8620）31105261
　　　　　营销部（8620）37331682　37331689
传　　真：（8620）31105289（办公室）　　37331684（营销部）
网　　址：http：//www. jnupress. com
排　　版：广州良弓广告有限公司
印　　刷：广州市友盛彩印有限公司
开　　本：787mm×1092mm　1/16
印　　张：12.5
字　　数：262 千
版　　次：2024 年 9 月第 1 版
印　　次：2024 年 9 月第 1 次
定　　价：59.80 元

序　一

在知识更新迅速、技术不断进步的时代，教育领域正经历着一场深刻的变革。《让学习真正发生——初中信息科技 PBL 设计与实践》一书，正是在这样的背景下应运而生。它不仅是作者詹宋强老师多年教育实践的结晶，也是对当前教育改革浪潮的深刻反思和积极回应。

本书以广东省教育科学规划领导小组 2023 年度中小学教师教育科研能力提升项目《基于学历案的初中人工智能教—学—评一体化实践研究》（课题编号：2023ZQJK114）为依托，深入探讨了在新课标下，如何通过项目化学习（PBL）的方式，促进学生核心素养的全面发展。这是一部理论与实践相结合，富有创新性和前瞻性的教育著作。

在本书中，作者首先深入分析了新时代教育的特征和核心关注点，强调了新课标对教育理念的刷新和教学模式的革新。作者通过分享自己的教育实践经历，从"星火创客"社团的创立，到项目探索和实践的深化，再到团队的持续成长，展现了项目化学习在培育学生的批判性思维、团队协作能力、自主学习能力以及信息素养方面的关键作用。特别值得一提的是，到 2024 年 2 月，作者所在学校通过教育部评审，成为粤西地区唯一一所被认定为人工智能教育基地的学校，这一成就不仅是对学校教育实践的认可，也是对项目化学习重要性的有力证明。

书中不仅阐述了学习的本质，即学习是一个内在驱动的过程，一个不断创新和建构的过程，还强调了学习的社会性和情感性，以及反思在学习过程中的重要性。作者通过丰富的章节内容，逐步引导读者理解项目化学习的设计和实践，探讨了如何从单一学科到跨学科项目，如何培养学生的跨学科思维等。

本书除阐述与项目化学习相关的理论外，还加入作者多年的实践案例，如"基于 AIoT 的电动车安全驾驶监管系统"项目设计案例，为读者提供了具体的应用场景，使得理论知识与实践紧密结合，更易于理解和操作。这种实践性的教学方法不仅能帮助学生更深入地理解概念，还培养了他们的批判性思维和解决问题的能力。

　　作为作者的导师，能为这部著作撰写序言，我深感荣幸。我相信，这本书不仅对教育工作者具有重要的启发和指导意义，也为所有关心教育、希望推动教育创新的人士提供了宝贵的参考资料。詹宋强老师以他的专业知识和教育热忱，为我们展示了一条教育创新之路，让我们共同期待通过这样的努力，能够培养出更多具备全球视野、批判性思维和创新能力的新一代公民。

　　此外，本书还特别强调了教育技术的重要性，例如如何在教学中有效利用信息技术工具来增强学习体验。作者分享了如何将最新的教育技术整合到教学中，以及这些技术如何帮助学生更好地适应数字化时代的需求。

　　让我们一起翻开这本书，探索教育的更多可能，迎接教育的美好未来。这本书不仅是一个指南，也是一个启发，它鼓励我们所有人思考如何通过教育来塑造一个知识丰富、技术先进和以创新驱动的社会。

　　谨以此为序。

邬依林

2024 年 6 月于广州

（邬依林，博士、教授，广东第二师范学院计算机学院院长）

序 二

随着《义务教育课程方案和课程标准（2022 年版）》的颁布，我国教育领域开展了一场深邃而全面的变革。作为教育的践行者，我们正满怀激情地探寻具有创新性的教育元素与教学策略，以期在新时代的浪潮中乘风破浪，真正地推进学生德、智、体、美、劳全面发展。

《让学习真正发生——初中信息科技 PBL 设计与实践》一书不仅凝聚了詹宋强老师深邃的教育洞见与丰富的实践经验，更以其独特的视角和实践路径，为众多正在探索前行的教师提供了有益的借鉴和指引。作为长期深耕于信息科技教育领域的探索者，我对詹老师的这部作品充满了崇高的敬意与深切的期待。

詹宋强，这位广东省中小学"百千万人才培养工程"的培养对象，在粤西湛江——这片经济虽欠发达却教育亮点频出的热土上默默耕耘，不仅在科创教育领域结下累累硕果，更以其独到的教育理解和无私的奉献精神，为资源相对匮乏的地区乃至全国的教师开展创新教育改革贡献了宝贵的智慧财富。

在阅读本书的过程中，我被詹老师对项目化学习（PBL）的深刻理解与独到见解深深吸引。他不仅精准地阐述了项目化学习的理论基础和实践价值，更通过一系列的教学案例，生动地展现了如何在各种不同的教学条件下点燃学生的学习热情，激发他们的创造力与想象力。这对于经济欠发达地区的教育工作者而言，无疑是一剂强心针，给予了他们努力实践的方法，为他们指明了前行的方向。

本书特别强调了学科核心素养的培养，我们需要培养学生适应未来发展所应具备的能力与素质。在信息科技领域，这意味着我们不仅要教会学生掌握扎实的知识与技能，更要引导他们学会掌握科学原理，运用技术工具解决问题、激发创新思维并养成终身学习的良好习惯。詹老师通过创建"星火创客"社团以及丰富多彩的社团活动，为学生们搭建了一个实践与探索的广阔舞台，这也正吻合了当前教育改革所倡导的方向。

此外，本书还深刻探讨了教师角色在新教育模式下的华丽转身。在这里，教师不再是简单的知识传授者，而是成为学生学习道路上的引路人与伙伴。这一转变不仅对教师自身的专业素养提出了更高的要求，更为他们提供了更加广阔的职业发展空间与舞台。

我深知，在欠发达地区推广科创教育具有非常大的挑战性，存在很多困难，也有不少的艰辛。但詹老师的成功实践，为我们树立了光辉的榜样，证明只要有正确的教育理念和坚定的信念，我们就能够点燃学生的潜能之火，照亮他们的人生道路。我坚信，《让学习真正发生——初中信息科技 PBL 设计与实践》一书的出版将为广大教育工作者尤其是那些身处资源匮乏地区的同行们带来宝贵的经验与启示。

在人工智能迅猛发展的数字大时代，让我们携手并肩，在这条充满挑战与机遇的道路上不断探索与实践，共同开创教育事业的辉煌新篇章！

黄美仪

2024 年 9 月于佛山

（黄美仪，正高级教师，就职于佛山市禅城区教育发展中心）

序 三

与詹宋强老师相识，始于广东省中小学"百千万人才培养工程"。我有幸成为詹宋强老师的导师，开启了我们之间长达三年的深厚交流。这三年里，我们经常就教育问题进行深入探讨，从最初的师徒关系逐渐发展为并肩作战的战友。在每一次的汇报和交流中，我都深切感受到了詹老师的努力和成长。詹老师曾多次来到深圳龙华区，与一线教师就科创教育进行深入的对话和交流。《让学习真正发生——初中信息科技 PBL 设计与实践》一书，不仅是詹老师多年教育实践的智慧结晶，更是他对当前教育改革浪潮的深刻反思和积极贡献。这本书为我们提供了一个全新的视角，指导我们如何在教育实践中实现创新与突破。

在这本书中，詹老师以广东省教育科学规划领导小组的项目成果为基础，结合自身丰富的教学经验，为我们展示了一个全新的教育视角——项目化学习（PBL）。这种教学模式不仅关注知识的传授，更重视学生核心素养的培养，强调学生的主动探索和实践操作，这与当前教育改革的方向高度契合。

通过阅读本书，我为詹老师对于教育的深刻洞察和创新实践所折服。特别是在探讨如何将项目化学习与学科核心素养相结合的问题上，詹老师提出了一系列切实可行的策略和方法。这些策略和方法不仅有助于学生深入理解学科知识，更能够激发他们的创新思维和解决实际问题的能力。

书中介绍了"星火创客"社团从创立到发展的过程，以及詹老师组织的系列实践活动等，生动地展示了如何通过实践活动培养学生的创新能力和团队协作精神。这种以学生为中心的教育模式，让学生在实际操作中学习，不仅提高了其学习的兴趣和效率，也为他们的未来职业生涯奠定了坚实的基础。

作为一名信息科技教研员，我深知在教学过程中激发学生的学习兴趣和主动性的重要性。詹老师在书中提出的"教—学—评"一体化教学理念，为我们提供了一种全新的教学评价模式。这种模式强调教学、学习和评价的一致性，将评价融入教学的每一个环节，使学生的学习过程更加系统和完整。

此外，詹老师在书中还特别强调了教师角色的转变。在新的教育模式下，教师不仅是知识的传递者，更是学生学习过程中的引导者和伙伴。这对于我们教师自身的专业发展提出了更高的要求，同时提供了更大的发展空间。

总之，《让学习真正发生——初中信息科技 PBL 设计与实践》是一本很有价值的教育专著。它不仅为我们提供了丰富的理论知识和实践经验，更为我们在教育改革中探索新路径提供了指导和启示。我相信，这本书的出版将对我国信息科技教育的发展产生积极的影响。

在此，我强烈推荐这本书给所有致力于教育创新实践的教师和教育工作者。让我们共同学习詹老师的理念和方法，为培养具有创新精神和实践能力的学生而努力。

周莉萍
2024 年 6 月于深圳龙华

（周莉萍，正高级教师，深圳市龙华区教育科学研究院附属中学信息科技教研员）

前　言

在我们步入 21 世纪的第三个十年，教育的每一个细节似乎都在发生变革。在这个知识"爆炸"、技术飞速进步的时代，学习的定义和方法都经历了前所未有的改变。

这是一个挑战与机遇并存的时代，而教育正站在这变革的风口，准备迎接未来的挑战。

一、课改浪潮：特征与焦点

新的课程改革源于我国 2022 年颁布的《义务教育课程方案和课程标准》（以下统称为"新课标"），明确地提出了对学生核心素养的培养。这标志着我们正从过去过分侧重知识技能的教学模式转向更加全面、均衡的教育。

首先，这次课程改革强调了对学生核心素养的培养。所谓核心素养，并不仅仅局限于传统的知识技能，它涵盖了学生在社会生活和未来工作中需要的关键能力，如批判性思维能力、合作能力、自主学习能力、信息素养和跨文化交往能力等。这些能力都是在当今这个快速发展、不断变革的社会中，每个人所必备的。其次，新课标更加注重学生的实际操作能力和实践经验的积累。通过项目化学习、团队合作、研究性学习等方式，鼓励学生走出课堂，与真实的社会环境接轨，培养他们的问题解决技巧和实践应用能力。最后，新课标也强调了学科之间的交叉与融合。传统的学科边界正在被打破，多学科的整合学习可以帮助学生形成更为全面的世界观，培养他们的创新思维和跨界合作的能力。

可以说，新的课程改革是对传统教育模式的深刻反思和积极突破，旨在培养学生面对未来社会的多种挑战和机遇所必备的综合能力。

每一次课程改革，都是对前一轮改革的积淀、反思和总结，而在其中，每一个参与者的经历都是独特且宝贵的。

我有幸经历了从三维目标到核心素养的课程改革，这一过程不仅是教育内容和方法的更新，更是对教育思想的深化和升华。在这个技术与创新日新月异的时代，我深知，唯有紧跟时代步伐，勇于尝试和融合尖端技术与教育方法，才能为学生铺设一条最佳的教育道路。

2017 年，我凭着一腔热血，勇敢地走上了一条与众不同的道路。我开始在学校推广基于项目化学习的创客教育，并倾力创建了"星火创客"社团。这一社团的 Logo，是一颗融合了湛江市第十七中学创意智造元素的灯泡，正是我们教育哲学的象征——"星星之火，可以燎原"。这种全新的教育模式与传统的教学方法不同，它更加注重学生的实践与探索。

"星火创客" Logo

社团里的学生除了可以接触到开源硬件、人工智能、激光切割等前沿技术外，更被引导去合作、交流思想和挑战自我。这一实践性强的教学方法不仅帮我们在众多科技劳动教育比赛中取得了骄人的成绩，还作为一种教育指导思想，帮助我们在教育的道路上始终领跑。

我坚信，改革是时代的要求，也是每一位教师应有的追求。与其追随，不如勇立潮头。2017 年星火创客成立之初，尽管面临种种困难，如场地、器材和教材的匮乏，但我们带着对教育的初心坚持了下来，利用每一个寒暑假、周末，与学生共同学习和成长，终于培育出了"星火创客"这一品牌。

二、学习何为：新的探寻

在传统的教育观念中，学习常常被视作是一个线性的、被动的过程，学生如同空白的画布，等待被填充。但新的课程改革理念彻底刷新了我们对学习的理解。

学习在新的课程改革下被重新定义。一方面，它是一种内在驱动的过程。每个学生，作为天生的学者，带着对世界的好奇心和对知识的渴望进入学校，好奇心是他们学习的原动力。与其简单地向学生"输送"知识，我们更应激发他们的主动性，鼓励他们去自行寻找、探索和发现。另一方面，学习也是一个不断创新和建构的过程，学生在其中不仅是知识的接受者，更是主动的参与者。他们结合已有的知识和经验，与新的信息交互，形成自己独特的知识结构，这种方式更贴合人的认知发展。而在这一切中，团队的角色不可或缺。新课标特别强调了团队合作、交流与分享的重要性。在这样的团队环境中，每个学生都是不可替代的一员，他们通过互动和合作，共同创造作品，发挥"群策群力"的力量。

在这个数字化、网络化的新时代，学习的定义正在经历深刻的转变。首先，学习不再局限于学校的教室或传统的课本。借助于互联网和其他数字工具，学习已成为一个无处不在的活动。学生可以随时随地获取信息，与全球的专家互动，并与来自不同文化背景的同龄人交流思想。更为重要的是，学习逐渐与实践相结合，强调"动手做"。相较于传统的被动吸收知识，现代学习更注重主动寻求问题并创造性地解决它。这种实践性学习不仅帮助学生更深入地理解概念，还能培养他们的批判性思维和解决问题的能力。

此外，探索和创造也是新时代学习的核心元素。学生被鼓励探索未知、尝试新方法、创造新的思路或产品。这不仅仅是为了获得知识，更是为了培养他们的创新意识和创造力，这些能力在新课标中至关重要。

三、本书脉络：结构与引导

本书共分为六章，各章节概述如下：

第一章：真正的学习——本质、问题与实现。这一章主要探讨了真正的学习的定义，强调学习不仅仅是知识积累，还包括技能、情感和价值观的发展。分析了教育环境、学生内在因素和教师角色对学习的影响，并提出了创建积极学习环境、采用项目化学习、以学生为中心的教学策略，以及重视评价和反馈的重要性，以实现深度学习。

第二章：从项目化学习走向真正学习。本章强调了项目化学习的起源、发展以及在国内的实践，理清了项目化学习的理论要素、实施价值和优势，强调了项目化学习在培养学生核心素养、创新能力方面的重要性。

第三章：学科核心素养与项目化学习。这一章探讨了学科核心素养的价值和如何在项目化学习中进行培养，同时对两者之间的互动关系进行了深入剖析。

　　第四章：项目化学习的设计与实践。作为本书的实操部分，本章详细探讨了如何设计和推进项目化学习，包括项目的前期筹备，实施推进，分享、反思与迭代等环节，同时讨论了数字化工具如何助力项目化学习设计。

　　第五章：从单一学科到跨学科项目。探索了跨学科项目化学习的重要性、设计原则、实施策略以及如何培养学生的跨学科思维。这部分尤其针对如何将多个学科整合为一个完整的学习项目提供了有益的见解。

　　第六章：项目化学习案例分析。提供了"基于 AIoT 的电动车安全驾驶监管系统"的案例，让读者得以具体应用理论知识进行实践。通过案例分析，读者可以更直观地理解前面章节的内容，为读者的教育实践提供了有益的参考。

四、项目深探：学习之用

　　因项目化学习能培养学生的综合素养、创新能力和团队协作精神，其正在成为当今教育领域的热门话题。本书提供了丰富的理论知识和实践案例，但真正的学问和理解往往需要读者结合自身的经验进行深度思考才能获得。

　　在深入探讨项目化学习的过程中，阅读书籍只是第一步。为了真正理解和应用其中的知识，读者需要结合实际行动和体验。首先，研读与设计和实践相关的章节时，读者应亲自实践策略和方法。无论是在正式的课堂还是课外活动中，体验项目化学习的全过程都是至关重要的。设计一个项目并逐步完善它，可以帮助读者更好地把握理论与实践之间的联系。其次，与同事或其他教育工作者分享见解和发现，可以进一步深化读者对这一领域的理解。还可以组织研讨会或小组讨论，集思广益。此外，进行持续的自我反思，回顾每个章节或案例，并将其与自己过去的教学经验相对照，这些措施是不可或缺的。创建学习日志以记录感悟和疑问也是一个有益的做法。当感到自己对项目化学习有了初步的认识，可以尝试设计与自己所教学科相关的课程，确保这一设计在理论和实践之间找到平衡。在实践中，获取学生、家长和同事的反馈是关键，他们的意见将指引读者进一步完善和调整方法。最后，如果有机会，可以与本书著者或项目化学习领域的其他专家互动，这将拓展和深化读者的项目化学习探索之旅。

五、教师使命：角色与职责

随着教育领域的变革，教师的角色正在经历深刻的转变。传统上，教师被视为知识的"门户"，他们的主要任务是向学生传授信息。但在新的学习模式中，教师的角色已经从传统的"教"转变为"引导"，从"告诉"转变为"探寻"。这意味着，教师不再是单纯的知识传递者，而是学生学习过程中的伙伴和指导者。

教师现在的责任是鼓励学生独立思考，培养他们的探究能力和批判性思维。他们需要为学生创造一个开放、多元和支持性的学习环境，使学生能够自主地探索知识，发掘自己的兴趣和爱好。此外，教师还需要与学生建立真实、深入的关系，了解每个学生的独特需要和兴趣，以确保提供的教育真正符合学生的发展需要。

未来的教育将迈向更加个性化和定制化的方向。这意味着，传统的"一刀切"式的教育方法将逐渐被淘汰，每一个学生都将得到真正适合自己的教育。教育系统需要更加灵活，以适应每个学生的个性和需求。

随着社会的进步和科技的发展，教育作为社会的基石也正在经历着前所未有的变革。这一变革既给我们带来了挑战，也为我们打开了一扇扇充满无限可能的大门。

六、迎接未来：共创新篇

21世纪的今天，我们对教育的期望不再仅仅是传授知识，更多的是希望能培养出具备全球视野、批判性思维和创新能力的未来公民。我们期望未来的教育不是填鸭式的知识灌输，而是能够真正培养出既有深厚的知识基础，又有卓越的创新能力的学生。他们不仅要掌握学科知识，而且要具备解决现实问题的能力、与他人协作的能力以及持续学习的动力和习惯。

时代的脚步不会停歇，新的学习方法和工具会不断出现。作为教师和学习者，我们应该始终保持开放的心态，勇于尝试和探索。希望本书能够指引读者探索新教育之路，引导读者走出传统的教育框架，探索更加多元和创新的学习路径。希望每一位读者都能够找到适合自己的学习之路，不仅是为了应对考试或者获取证书，也是为了真正的成长和自我价值的实现。

在这个充满变革和机遇的时代，让我们共同努力，共同探索，走向一个更加美好、公正、创新的教育未来。

著　者

2024 年 5 月

目 录
CONTENTS

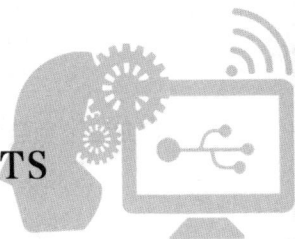

第一章　真正的学习——本质、问题与实现

告诉我，我会忘记；教我，我会记住；让我参与，我会学会。

——本杰明·富兰克林

在当前快速变化的社会和技术环境中，教育领域面临着前所未有的挑战与机遇。信息爆炸与技术革新正在从根本上改变我们获取知识、交流合作和解决问题的方式。在这种背景下，传统的教学方法已经难以满足新一代学生的学习需求。学生们需要的不仅是记忆和重复，而且是批判性思考、创新能力和适应变化的能力。这促使我们重新思考什么是真正的学习以及如何在教室内外实现这种学习方式。

第一节　真正的学习是什么

一、学习的定义与意义

（一）什么是学习

学习是一个多层次、复杂的认知过程，它远远超出了简单的知识积累，涵盖了技能的习得、情感的发展、价值观的形成和行为模式的调整。这一过程体现了个体如何通过教育、经验和自我反思，在不断变化的环境中适应和成长。

爱因斯坦曾表示，学习不是知识的获得，而是思维的锻炼。这强调了学习的深层价值不仅在于积累事实和数据，还在于培养批判性思维和解决问题的能力。可以看出，学习的本质不仅在于记忆，而且在于如何将知识应用于解决新的、未知的挑战。

在日常生活中，学习无处不在。以数学为例，数学学习不是单纯地掌握公

式和定理，而是通过解决问题培养逻辑思维能力。例如，通过解答几何题，学生不仅掌握了数学知识，还学会了如何分解问题，这种分析和解决问题的技能的体验和习得在学习过程中极为宝贵。同样，在语言学习中，学习不仅限于记忆单词和语法，而是通过综合实践活动，如听、说、读、写，来培养语言应用和跨文化交际的能力。参与语言交换项目不仅提升了学生的语言技能，也加深了他们对不同文化的理解，这是学习过程中不可或缺的一环。

约翰·杜威的观点进一步强调了学习的主动性："教育不是填鸭式的知识传输，而是必须激发学生的主动探索和实践经验。"这提醒我们，学习是一个主动的过程，需要学生通过实践、试错、反思和调整来深化理解。在科学实验中，学生通过亲自设计和执行实验，不仅掌握了科学知识，更重要的是，他们学会了科学的探索方法并培养了创新思维。

因此，学习应该是一个包括知识、技能、情感和价值观发展的综合过程。它要求学生不仅对信息进行记忆和理解，更重要的是通过深入思考、积极实践和持续反思，培养出能够自信面对不断变化的挑战的综合素养。这种对学习深度理解的追求，构成了教育过程中最核心和持久的价值。

（二）学习是如何发生的

理解"学习是如何发生的"对设计有效的教学策略和创造积极的学习环境至关重要。根据皮亚杰的理论，学习始于认知活动，当个体与新信息互动时尤甚。他们依靠已有的知识框架来解释和理解这些信息，展现了建构主义对学生在知识构建中的主动作用。在信息科技的场景下，这意味着学生在探索编程时，通过实践中的试错和问题解决环节，建立和巩固新的认知结构。

正如维果茨基的社会文化理论所强调，学习深植于社会互动和文化背景之中。他指出："通过他人，我们成为我们自己。"这表明，在教育过程中，学生通过团队协作和互助共同构建知识，这种合作和交流是知识构建不可或缺的一部分。

情感和动机的作用也非常显著。丹尼尔·戈尔曼在情绪智力的研究中提出，情感对学习有深刻的影响。一个积极的学习环境以及充满好奇心和鼓励探索的氛围，可以极大地提高学生的学习动力和效果。在教学时，将课程内容与学生的实际兴趣相结合，能够显著提升他们的参与度和情感投入。

反思是学习过程中不可或缺的环节。约翰·杜威曾说："我们并不是从经验中学习，而是通过反思我们的经验学习。"这意味着学生在学习过程中需要时间来回顾和思考他们的学习经历，这种反思帮助他们加深理解并提高问题解决的能力。

通过这些视角，我们可以看到学习是一个涵盖认知、社会、情感和反思等多个层面的过程。学习不仅发生在课堂上，还发生在学生内心的思考和外在的互动之中。马尔科姆·诺尔斯曾说："最好的学习发生在不断地反思和实践中。"在日常的教学当中，这一理念尤为重要，它要求教师设计出能够激发学生内在激情和外在互动的活动，为学生带来全面而深刻的学习体验。

（三）学习的意义

学习的意义远超课堂知识的传授，它是关乎个人成长、社会适应及终身发展的核心要素。爱因斯坦的见解"真正重要的是学会的能力，而不是学到的知识"强调了学习的深层价值。它不仅关乎知识的积累，还关乎对解决问题的能力、批判性思考的能力和自我引导的学习能力的培养。

在个人层面，学习意味着自我成长和实现。卡尔·罗杰斯认为学习是个体实现潜力的途径，它使学生不仅获得新知识和技能，而且通过学习发展自我认知和表达，进而实现自我价值。这种自我价值的实现驱动着学生追求更高的目标，激发他们的内在潜能。

在探讨学习的社会贡献时，我们不得不提及约翰·杜威的观点，他认为教育和学习是社会进步的基石。学习不仅让个人能更好地适应社会，还使之能够为社会的发展贡献力量。在技术日新月异的今天，学习成了人们理解新技术、参与社会变革的关键。

然而，关于学习的重要性，我们也必须认识到，并不是所有学生都对学习抱有热情。这背后可能有多种多样的原因，包括但不限于学习环境的不支持、教育内容与学生兴趣的脱节，以及有效学习策略和动机的缺乏。学生可能因为感觉不被理解或教学方法单一而对学习产生抵触心理。

终身学习的概念强调的是在不断变化的世界中适应和成长的能力。马尔科姆·诺尔斯曾说"学习不是为了生活，而是生活本身"，使我们认识到学习是一个持续的过程，不仅为了职业发展，也为了个人的全面成长。在这个过程中，激发学生的学习兴趣，使课堂知识与他们的生活经验相联结，成为教师的重要任务。

二、深度学习与表层学习

在了解学习的定义与意义后，我们可以进一步深入理解学习过程的不同层面，这自然引出了深度学习与表层学习的对比。深度学习与表层学习的对比将帮助我们更好地理解学习过程中的不同策略和方法，以及它们对学生的长期发展和理解的影响。这将进一步加深对学习本质的理解，使我们能够设计更有效的教学策略，以促进学生的全面学习和深入学习。

（一） 深度学习的定义

深度学习是一个多层次的学习过程，它不仅关注信息的表面层次，而且深入概念的核心，促使学生理解概念之间的关系、原理以及它们应用于现实世界中不同情境的方式。除记忆和重复外，深度学习还强调理解和应用。

在教育领域，深度学习意味着学生能够批判性地思考、自主地解决问题，并将所学知识跨学科地予以应用。深度学习不是表层学习、浅层学习，不是机械学习，不是死记硬背，不是"知其然而不知其所以然"。[①] 它要求学生主动参与学习过程，通过探索、提问、实践和反思来构建知识体系。深度学习的过程涉及高阶思维技能，如分析、评估和创造，这些技能使学生能够在未来的学习和工作中更加自信和有效地应对挑战。

（二） 深度学习与表层学习的对比

深度学习与表层学习相对（见图 1 –1）。表层学习更多关注事实的记忆和短期学习目标；它要求学生专注于某一项技能，而不是理解概念的深层含义或将知识应用于新的情境。深度学习关注知识与技能之间的联系，追求的是长期理解和持久的认知改变；它鼓励学生发展为终身学习者，不断地探索、思考和适应新情况。

---

① 郭华. 深度学习及其意义 ［J］. 课程·教材·教法，2016，36 （11）：25 – 32.

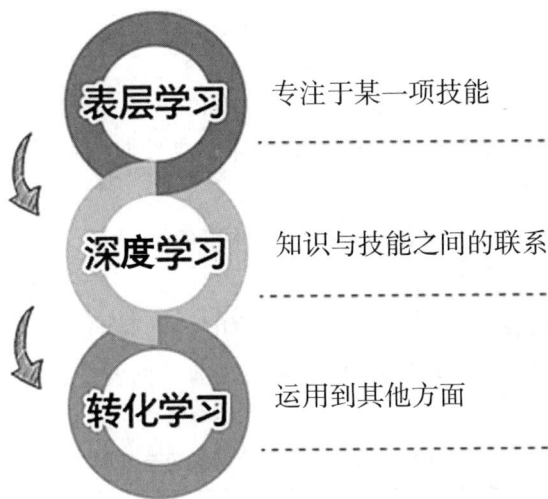

图 1 - 1　**深度学习与表层学习**

表层学习　专注于某一项技能

深度学习　知识与技能之间的联系

转化学习　运用到其他方面

图 1 - 1　**深度学习与表层学习**

因此，深度学习是一个综合性的学习体验，它通过激发学生的内在动机促使学生主动学习和自我驱动，帮助他们发展为能够独立思考和自我学习的个体。这种学习方式不仅在学术上有益，对学生的个人成长和职业发展也具有长远的影响。

深度学习与表层学习在学习目的、学习过程、学习动机和学习结果上有着本质的区别。

1. 学习目的

（1）深度学习：追求理解的深度和广度，致力于理解概念的核心原理以及它们之间的联系，关注知识的长期积累和应用。

（2）表层学习：通常致力于记忆事实，以应对短期的学术要求，而不是理解概念的深层含义。

2. 学习过程

（1）深度学习：涉及批判性思考、问题解决、实际应用和自我反思。学生通过探索、讨论和实践主动建构知识。

（2）表层学习：通常是被动的，依赖重复记忆和机械式练习。学生往往接受而不是质疑信息。

3. 学习动机

（1）深度学习：内在动机驱动。学生出于对学科的兴趣或理解知识的愿望而学习。

（2）表层学习：外在动机驱动。学生为了通过考试或满足其他外部要求而学习。

4. 学习结果

（1）深度学习：学生能深刻理解知识并形成长期记忆，能够将所学知识应用于新的情境和挑战中。

（2）表层学习：学生通常只能记住具体事实和过程，难以将知识迁移到新的环境或情境中。

以八年级的"物联网探索与实践"模块中"物联网数据传输"这一主题为例，我们可以看到深度学习与表层学习的区别（见表1-1）：

表1-1　关于"物联网数据传输"深度学习与表层学习的区别

方面	深度学习	表层学习
学习目的	学生不仅学习物联网设备的数据传输过程，还探索其背后的原理和数据流的意义	学生只记忆物联网数据传输的步骤和相关术语，不理解其背后的原理
学习过程	学生通过实际构建一个小型物联网项目，如温度监测系统，来观察和分析数据传输过程	学生仅通过阅读教科书或观看视频来了解数据传输，缺乏实际操作经验
学习动机	学生出于对"物联网技术如何改变生活"这一问题的好奇心和兴趣，主动探索和实验不同的数据传输方法	学生学习的主要动机是应对考试，缺乏对学习内容的真正兴趣
学习结果	学生能够解释物联网数据传输的原理，评估不同传输方法的优劣，并将之应用于解决实际问题	学生可能只能重复数据传输的步骤，但在遇到新问题时难以应用或扩展所学知识

在这个案例中，通过实际操作和探索，深度学习的学生不仅掌握了物联网数据传输的技术，还理解了其背后的原理和应用场景，能够将学到的知识应用于新的情境中。相比之下，表层学习的学生则停留在记忆表面层次的知识，缺乏深入理解和应用能力。通过这种比较，我们可以清晰地看到深度学习提倡具有主动性、批判性的有意义的学习，体现了对学习本质的认识。深度学习要求学习者在真实的社会情景和复杂的技术环境中更加注重批判地学习和反思，通过深度加工知识信息、深度理解复杂概念、深度掌握内在含义，主动建构个人

知识体系并将之有效迁移应用到真实情境中以解决复杂问题，最终促进全面学习目标的达成和高阶思维能力的发展①。

三、高阶思维在学习中的作用

（一）高阶思维的定义

高阶思维是一个综合性的认知过程，超越了简单的记忆和理解，进入更为复杂和抽象的思维层面。这包括批判性思维、创造性思维、解决问题和决策制定等方面。高阶思维能力使个体能够深入分析信息、评估不同观点、创造新的思路，并在复杂情境中作出合理决策。这一过程要求学生不仅吸收事实，还要主动进行探究、质疑和反思，从而深入理解和创新应用知识。

布鲁姆分类法特别强调了高阶思维的"创造"层次，将其置于认知过程的顶端（见图1-2）。这不仅反映了对学生创新能力培养的重视，也指向了教育的终极目标——学生不仅要学会已有的知识和技能，还要基于此创造新的解决方案和思维方式。高阶思维教学倡导深度、自主、个性化的学习②。这种方式要求学生综合运用所学的知识、技能和经验，进行新的探索和创造。

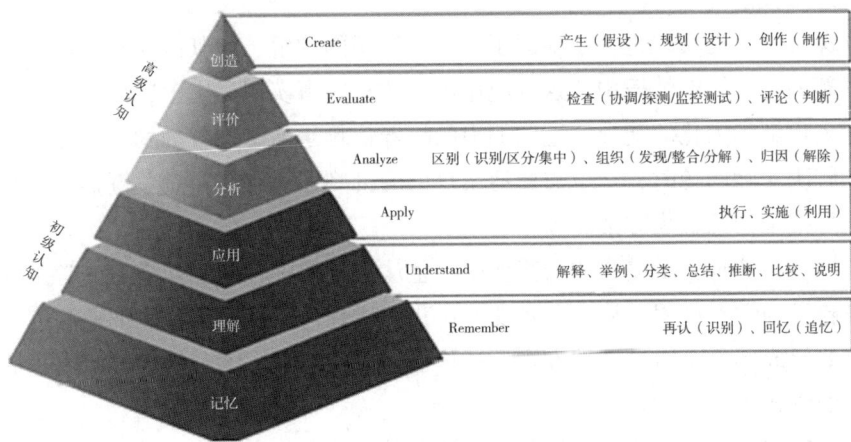

图1-2　布鲁姆思维认知模型

①　张浩，吴秀娟.深度学习的内涵及认知理论基础探析［J］.中国电化教育，2012（10）：7-11，21.

②　王伟，黄少如，唐烨伟，等.高阶思维教学特征及教学设计模式初探［J］.中小学数字化教学，2018（3）：27-30.

继续以物联网数据传输为例，学生不仅需要掌握相关的技术知识，而且需要通过分析、评价和创造等高阶思维活动，深化对这一领域的理解。学生首先分析物联网环境下数据传输的需求和挑战，其次评价现有的传输技术，最后设计出创新性的解决方案。这一过程不仅展现了高阶思维的应用，也促进了学生理解和创新能力的发展。

因此，高阶思维的培养不仅是学术学习的要求，也是学生适应未来社会的必要条件。教师在日常的教学中应设计和开展促进高阶思维培养的学习活动，鼓励学生超越对知识的记忆和理解，向分析、评价和创造等更高层次迈进。通过这样的学习过程，学生能够在理解的基础上建立更为复杂和创新性的思维模式，为终身学习和未来挑战作好准备。

（二）高阶思维与深度学习

高阶思维与深度学习之间的关系密不可分，共同塑造了学生全面发展的路径。高阶思维，如批判性思维和创造性思维，为深度学习提供了基础。在深度学习过程中，学生被鼓励超越简单的记忆，转向理解、应用、分析和创造，这一过程离不开高阶思维的参与。例如，解决复杂问题时，学生不但要回顾已学知识，而且要分析问题结构、评估可能的解决方案，这直接反映了深度学习与高阶思维技能的结合。

深度学习的实现进一步加深了学生对知识的理解，使其能够将学习内容应用于新的、未知的情境中。这种应用不仅建立在事实记忆之上，而且基于对概念深入理解和内化的能力，这些能力的培养依赖于高阶思维的发展。探索新领域和解决实际问题时，学生需要运用自己的批判性思维来辨别关键信息，用创造性思维来构想解决方案。

同时，这种思维模式的培养促使学生从依赖教师转向独立学习。学生开始主导自己的学习过程，从自我发现、自我评估到自我反思，这些都是深度学习的重要组成部分。通过这种方式，高阶思维不仅加深了学习的内容，也扩展了学习的方式。

在应对现实世界的复杂问题时，学生需要整合并应用跨学科知识，这要求他们拥有既深入又广泛的理解。这样的问题解决过程展现了高阶思维和深度学习的相互强化，二者共同提升学生的认知能力和实践能力。通过这种实践，学生不仅掌握了学科知识，还学会了如何学习、如何思考和如何创新。

这种互动反映了教育的核心目标：不仅传授知识，而且培养能够自主学习和创新的个体。高阶思维和深度学习的结合为学生提供了面对未知挑战与持续发展的能力，这对于他们未来的学术和职业生涯是至关重要的。通过改善学生的思维方式和学习方法，教师可以帮助学生为应对不断变化的世界作好准备。

第二节 学习为什么没有发生

在探讨了真正的学习后，我们接下来需要面对一个同样重要但更具挑战性的问题：学习为什么没有发生？

这是教师、学生甚至整个教育体系都可能遇到的问题。虽然理论和方法论为高质量的学习提供了框架和指导，但现实中许多学生仍然未能获得期望中的学习成果。这不仅阻碍了个人的发展，也影响了社会的进步。

为什么会出现这种情况？这个问题促使我们深入探索学生在学习过程中可能遇到的障碍。这些障碍可能来自多个方面：从学生的内在因素，如动机、情感和认知风格，到外在因素，如教育环境、教学方法和社会文化背景。理解这些障碍对于识别和解决学习中的问题具有举足轻重的作用，可以帮助我们设计更有效的教育策略，创造更有利于学习的环境。

一、教育环境的影响

（一）传统教学方法的局限性

教育环境对学习的发生具有非常大的影响，而传统教学方法在现代教育环境中显现出显著的局限性。这种以讲授为中心的方法强调知识的传递而非学生的主动参与，往往导致学生的学习体验变得单一和机械化。学生在这种环境下可能会发现自己在不断重复和记忆信息，而缺少深度的理解和批判性思考。这种重复性的学习不利于学生的创新能力和问题解决能力的发展。

在传统教学模式下，教师往往是知识的唯一来源，学生处于被动地位，他们的主动性和创造性得不到有效的培养。这种教育方式忽略了学习是一个互动和探索的过程，学生应该自主提问、探索和反思，而不仅仅是接收。当考试成为学习的目的，学生的内在兴趣和动力就会大大降低，他们可能不再关心学习内容的实际应用和深层意义。

此外，传统教学方法往往不考虑学生的个体差异。每个学生的学习风格、兴趣和背景都是独特的，但标准化的教学往往无法满足所有学生的需求。这种教育模式下的"一刀切"策略可能会让一些学生感到被边缘化，特别是那些可能需要不同学习方法或更多支持的学生。当学生感觉课堂内容与他们的需求和兴趣不符时，他们的学习动机和参与度自然会降低。

因此，为了克服这些局限性，教师需要寻求更加灵活和以学生为中心的教学方法。教师可以采用项目化学习、合作学习和问题驱动学习等策略，以提高学生的参与度，鼓励他们主动学习，并尊重学生的个人差异。通过这种方式，学习可以变成一个更加动态和互动的过程，真正满足学生的需求，激发他们的潜力。

（二）环境因素对学生学习态度和动机的影响

教育环境中的多种因素，如学校的文化氛围、教师的态度和教学方法、同伴关系，以及家庭背景，都对学生的学习态度和动机产生着重要影响。一个积极、包容的学习环境可以激发学生的学习兴趣和动力，而一个负面、压抑的学习环境则可能使学生感到沮丧和无力，从而阻碍学习的发生。

学校的文化氛围是塑造学生学习态度的关键因素。一个鼓励探索和重视学生个人发展的环境能够激励学生积极参与学习并勇于尝试新事物。相反，如果学校环境过于注重成绩和竞争，忽视学生的个性化需求和情感发展，学生可能会因为恐惧失败而避免参加挑战性活动，导致学习动机的下降。

教师的态度和教学方法同样影响学生的学习动机。教师的热情、耐心和对学生的认可可以帮助学生建立自信心，增强他们的学习动力。教师如果能提供及时的反馈和鼓励，以及采用适应学生个性化需求的教学方法，就可以更好地促进学生的学习。反之，缺乏教师的支持和理解可能会使学生感到被忽视或不被重视，从而影响他们的学习态度。

同伴关系也是一个不容忽视的因素。同伴之间的正面互动和合作可以增加学习的乐趣，提高学习的效率。良好的同伴关系可以提供社会支持，帮助学生在学习上取得成功。相反，负面的同伴互动，如霸凌和孤立，会严重损害学生的自尊心和学习动机。

家庭背景对学生的学习态度同样具有深远的影响。家庭各因素对于学生的学习动机、学习态度、学习行为会产生影响，其中既有正面的影响，也有负面的影响①。家庭的支持和鼓励可以增强学生的自信和学习动机，使他们更加积

---

① 宋涛. 家庭因素对城市初中生学习的影响：对武汉市 526 名初中生的调查分析 [D]. 武汉：华中科技大学，2006.

极地学习。父母对教育的态度、亲子间的沟通方式，以及他们对孩子的期望，都能显著影响学生的学习态度。

二、学生因素

（一）先入为主的观念和错误信念

学生的学习不仅受外部环境影响，还受个人内在因素影响。其中，先入为主的观念和错误信念是影响学生学习的两个主要的内在因素。

先入为主的观念，也就是学生在接触新知识之前已经形成的预设想法，往往来源于他们之前的经验、文化背景或是误解。这些观念可能会阻碍他们对新知识的接受和理解。例如，如果学生认为数学学习非常困难，那么他们在数学学习过程中可能会更容易放弃，不愿意尝试解决问题。又或者，学生可能因为之前的失败经历而认为自己在某个学科上没有天赋，从而在面对该学科时采取逃避态度，不愿投入必要的努力和时间。

错误信念则指的是学生对学习过程、自身能力或特定学科的错误或不合理的看法。例如，一些学生可能相信智力是固定不变的，这种固定思维模式会让他们在遇到困难时容易放弃，因为他们认为努力无法改变结果。另外，一些学生可能错误地认为记忆是唯一的学习方式，忽视了理解和批判性思考的重要性。

这些先入为主的观念和错误信念可以深刻影响学生的学习态度和行为。它们可能导致学生对学习抱有消极的态度，避免面对挑战，从而影响学习的深度和效果。因此，识别和纠正这些观念和信念是促进学生学习的关键一环。

为了帮助学生克服这些障碍，教师可以采取一系列策略，如鼓励学生质疑自己的先入为主的观念、提供正面的反馈和支持来建立学生的自信心，以及引导学生采用成长思维模式，使他们相信自己的能力可以通过努力和学习得到提升。通过这些方法，教师可以帮助学生建立更加积极和适应的学习态度，从而促进他们的学习和成长。

（二）学习策略的缺乏

学生在学习过程中经常面临的一个显著问题是缺乏有效的学习策略。有效的学习策略涉及一系列技能，包括但不限于时间管理能力、笔记和阅读策略、目标设定和自我监控，以及自我反思。如果缺乏这些技能，学生可能会觉得自己在学习的海洋中迷失方向。

时间管理能力的不足可能会让学生难以合理安排学习时间，导致学习和生活的平衡被打破。这种失衡不仅减少了有效的学习时间，还可能增加学生的压力和焦虑感，影响他们的总体学习表现。而教师在时间管理方面的指导可以帮助学生更高效地利用时间，减少拖延，提高学习效率。

同时，良好的笔记和阅读策略对于学生加深理解和保持信息至关重要。学生如果没有学会如何有效地记录和整理信息，就可能会发现自己在复习时难以追溯和回顾关键概念。通过发展这些技能，学生可以更好地组织和理解新信息，从而加强记忆和理解。

如果无法设置明确的学习目标和进行自我监控，学生将难以评估自己的学习进度和效果。如果没有明确的目标，学生可能无法集中精力或有效分配学习资源。而通过学习如何设定具体、可实现的目标以及如何自我监控，学生可以更有意识地规划和反思自己的学习过程，从而不断改进和调整自己的学习方法。

缺乏自我反思的习惯也是学生学习效率低下的一个关键原因。通过自我反思，学生得以思考自己的学习过程和策略，了解什么有效、什么无效，并作出相应的调整。如果没有定期的自我评估，学生可能会继续使用效率低下的学习方法，而不是寻找更有效的方法替代。

因此，教师在帮助学生解决学习策略缺乏这一问题的过程中发挥着至关重要的作用。教师通过向学生传授有效的学习技巧，可以帮助学生提升学习能力和增强成就感。教师不仅可以在课堂上提供这种支持，还应该在日常学习活动中鼓励学生不断实践和改进，从而培养出能应对未来挑战的终身学习者。

三、教师因素

（一）教学方法与学生需求的脱节

建构主义教学模式强调以学生为中心，视学生为认知的主体和知识意义的主动建构者，教师只对学生的意义建构起帮助和促进作用①。但在当前的教育背景下，尤其在信息科技学科的教学中，教师的教学方法与学生需求之间的脱节显得尤为突出。

---

① 何克抗.建构主义的教学模式、教学方法与教学设计［J］.北京师范大学学报（社会科学版），1997（5）：74－82.

例如，在信息科技八年级的"Python 程序设计"章节，教师的传统教学方法常常与学生的实际需求不相吻合。通常的情况是，教师在课堂上专注于讲解编程语法和概念，这种方式往往使学生在学习中缺乏互动和实践机会。编程学习的核心在于实际操作，而非理论知识的积累，缺少实践会让学生难以体验和把握编程的真正魅力和应用场景。

当课程内容聚焦于 Python 的语法细节，而忽略了激发学生对编程的兴趣和创造性思考时，学生可能会觉得学习枯燥而缺乏相关性。许多学生选择学习编程是出于对制作游戏、解决问题或进行创造性工作的兴趣，如果教学与这些期望脱节，学生的学习动力自然会下降。

教学内容的个性化适配也同样重要，学生们在能力和兴趣上存在差异，这需要教师调整教学方法以适应各类学生。缺乏这种适应性的教学可能导致一部分学生感到挑战不足，而另一部分学生跟不上进度，这对两者都是不利的。这种脱节不仅影响了学生的学习效率，更在一定程度上削弱了学科本身在学校和家庭中的地位。当教学方法未能紧贴学生的实际需求时，学生可能会觉得学习内容枯燥无味且与实际生活脱节，进而对信息科技学科产生误解或不感兴趣。

为改善这种状况，更多的实践和项目化学习将被引入课堂，这将是一大进步。这不仅能使学生在解决实际问题的过程中应用所学的 Python 知识，还能大大提升他们对课程的兴趣。通过设计与学生生活紧密相关的编程项目，教师可以提供一个更加生动、实用的学习场景，使学生能够在项目中发现问题、解决问题，并在此过程中深化对 Python 编程的理解。

同时，加强教师与学生之间的沟通是提升教学效果的另一个关键。通过听取学生的反馈，教师可以更好地了解学生的兴趣和需求，并据此调整教学策略。互动式教学，如小组讨论和编程工作坊，不仅能增强学生之间的合作，还能促进师生间的互动，从而创造一个更加积极、互助的学习环境。

通过这样的方法，教师能够更有效地将教学内容与学生的需求进行对接，进而激发学生对信息科技，特别是对 Python 程序设计的热情，培养他们解决实际问题的能力，从而为他们在数字时代的成长奠定坚实的基础。

（二）低期望效应

教师因素在学习的发生中占据核心地位，其中低期望效应影响尤为深远。这种效应发生在教师对某些学生持有较低预期的情况，这不仅能够通过教师的言语和行为传达给学生，还可能导致学生内化这些期望，从而降低他们的自我效能感和学习动力。

低期望通常来自教师对学生能力的初始判断，这些判断可能基于学生的历史表现、行为表现或个人背景作出。一旦形成，这种预期会影响教师和学生的互动和对学生的评价，从而影响学生的自我认知和表现。学生能感知教师的这种预期，并可能按照这种预期来调整自己的行为和学习态度，导致他们的表现确实符合教师的较低预期。

为了破解这一循环，教师需要提升对所有学生的期望，并采取措施确保每个学生都感到被看重和支持。重要的是，教师应该给予每个学生平等的关注和机会，鼓励他们挑战自我，并通过正向反馈增强他们的信心和积极性。

此外，教师应持续反思自己的教学实践，确保教学方法和师生互动不受固有偏见的影响。创建基于成长心态的学习环境，鼓励所有学生追求进步而非完美，可以帮助学生超越极限，展现出他们真正的潜能。

通过这样的改变，教师不仅能够消除低期望效应带来的负面影响，还能激发学生的内在潜力，为他们的学习和成长创造更多可能性。这种积极的循环将为学生带来更好的学习体验，并在更广泛的教育环境中带来积极的变化。

（三）新课标时代教师的挑战与机遇

教师是新课标实施的关键所在，教师的专业化发展事关新课标实施的成败，决定学生成长和发展的健康、长远与否[①]。在信息科技的浪潮下，教师角色正在经历深刻的变革。作为教育的核心力量，教师面临着前所未有的挑战，但同时遇到了许多前景广阔的机遇。如何在这样的大背景下保持自身的专业发展和适应性，已成为教育工作者的重要课题。

1. 新课标下教师的知识储备

在信息科技日新月异的时代，教师的知识储备和教学能力受到了前所未有的挑战。过去有一个形象的说法，"要给学生一碗水，教师自己要有一壶水"，这意味着教师需要比学生了解更多的知识，才能够充分满足学生的学习需求。

在新课标的背景下，教师面临的专业挑战更加明显。以六年级的"过程与控制"模块为例，这部分内容主要涉及开源硬件的应用，比如 Arduino 和掌控板的应用项目。在这个阶段，学生可能会进行简单的机器人制作或者开展小型自动化项目。教师不仅要熟悉开源硬件的基础知识，还需要了解如何编程控制这些硬件，以及如何将其应用于实际的教学案例中。

---

① 王吉财. 瞄准课标之"新"　锻造自身之"功"：2022 年版新课标下教师成长的对标适应性策略［J］. 教书育人，2022（32）：69－71.

再看八年级的"物联网实践与创新"模块。物联网技术使所有物品能通过互联网连接并交换数据。例如，教师要指导学生建立一个智能花园系统，这个系统能够根据土壤的湿度自动浇水，并通过手机 App 远程控制。教师不仅要理解相关的传感器技术、数据传输和处理，还需要指导学生如何将这些零碎的知识整合成一个完整的项目。

九年级的"人工智能与智慧社会"模块则更为复杂。例如，教师需要引导学生开发一个简单的图像识别应用，帮助盲人识别日常物品。这意味着教师不仅需要熟悉图像处理的基础知识，还要对机器学习算法有所了解。更重要的是，教师还需要教导学生关心社会，使用技术为社会带来实际的价值。

因此，要真正做到在教育工作中游刃有余、满足学生的学习需求，教师不仅要有"一壶水"，还需要具备"一潭水"的深厚知识储备。这意味着教师应该持续地自我学习、研究，与时俱进，以确保自己始终站在知识和技术的前沿，为学生提供最有价值的教育服务。

2. 新课标下教师的专业化成长

随着新的课程方案和课标的发布，信息科技教育正经历一场深刻的变革。但是，这些变革背后的挑战和机遇是如何体现在教师的专业成长中的呢？

（1）专业发展的深化。近年来，现代技术，如人工智能和物联网，已经成为教育界的热门话题。例如，根据《教育技术研究》杂志的一项调查，超过60%的教师表示愿意在教学中学习和应用这些技术。这为教师提供了钻研和掌握前沿技术的机会，帮助他们在职业生涯中实现更高的成就。

（2）教学策略的创新。当下的教学环境鼓励教师跳出传统框架，如尝试采用以项目为基础的学习模式，使学生更主动地探索和实践。这样的创新不仅激发了教师的教育创意，还可通过学生反馈来调整和完善教学方法。

（3）教育影响力的增强。随着课程改革，教师的角色也在悄然转变。在新时代下，师生关系开始呈现平等、合作与尊重的特点。传统的教师角色是具有权威和高度垂直的，而学生则处于被动接受和听从的位置。然而，在新时代的教育中，师生之间的关系变得更加平等，教师不再是唯一的知识传授者。

（4）学科融合的机会。跨学科的教育模式越来越受到重视。例如，某学校初中历史教师与信息科技教师合作，利用虚拟现实技术为学生展示了古罗马市民的日常生活，这不仅让学生身临其境，还深化了他们的历史学习体验。

（5）专业发展的广阔空间。信息技术的迅猛发展为信息科技教师开辟了前所未有的职业发展机会。他们的角色已经从传统的教学者转变为技术驱动的教育创新者。他们不仅参与课堂教学的创新实践，还积极投身于校本课程的精心规划与设计，以及与不同学科领域的教师进行跨学科项目协作与交流。

人工智能技术的突破，尤其是大模型的快速发展，预示着教育的未来将是一个技术与创新思维深度融合的新时代。在这样的背景下，信息科技教师将发挥关键作用，他们将利用先进的技术工具丰富教学内容，提升教学互动性，并激发学生的创造力和批判性思维。

我们相信，课程改革为教育带来了诸多挑战，但同时为教师带来了无数的机遇。只要积极应对挑战、持续学习和创新，教师将在未来的教育舞台上发光发热。

第三节　如何保证学习真正发生

确保学习真正发生是教育过程中的核心目标，它要求教师超越传统的教学方法和学习模式，探索更深层次的教育实践。在当今多元化和快速变化的社会中，教育已经不再仅仅是简单的知识传递，而是对学生的批判性思维、创造力和解决问题能力的培养。为此，教师需要从根本上重新考虑和设计教育环境、教学方法和评价系统，以创造一个引导学生主动学习和深度思考的环境。

教师面临的挑战在于如何构建这样一个环境，使学习不仅发生在课堂上，也发生在学生的日常生活中；不仅关注学生的学术成就，也关注他们的整体发展。这需要教师深入了解学生的需求，采用创新的教学策略，同时鼓励学生培养自我驱动的学习习惯。

一、创建促进学习的环境

（一）安全和支持性的学习环境

创建促进学习的环境，安全和支持性是基本前提。一个理想的学习空间应超越物理层面，延伸至心理层面，确保学生在校园内外都感到自己被尊重和包容。教室的每一寸空间都应鼓励学生发现和成长，从充足的自然光到安全的活动区域，每个细节都应促进学生的集中和舒适。

教师的作用在于维护这种环境，他们通过建立积极的关系和展示关怀来确保每个学生都感受到被支持。一种开放、正向的氛围能够鼓励学生表达自己，将错误视为学习的一部分，而不是失败的标签。这种文化的根基在于相互尊重和鼓励，使得学生愿意参与并投入学习。

促进同伴之间的积极互动同样重要，有助于建立一个具有团队精神和共同责任感的环境。通过集体活动和小组工作，学生可以学习协作和交流，发展解决冲突的能力，增强相互之间的信任和支持。这样的互动不仅加强了学生之间的联系，也提高了他们解决实际问题的能力。

家校之间的沟通桥梁同样不可或缺，它确保了家庭环境与学校环境的一致性和支持性。当家长了解学校的教学目标和方法，他们可以更好地支持孩子的学习，形成一个以学生为中心的支持网络。教师与家长之间的合作为学生提供了一个更广泛的安全网，帮助他们在学习中感到更加自信和有动力。

在所有这些努力中，关键在于创建一个让每个学生都能感到受尊重和被鼓励的环境。这样的环境是学生探索、提问和创新的沃土，可以支持他们走出舒适区，迎接新挑战，最终实现自我超越。

（二）促进好奇心和探索的氛围

在创建促进学习的环境时，关键在于激发学生的好奇心和培养探索精神。好奇心不仅推动学生积极参与学习，也促使他们深入探究未知的领域。教师的职责是构建一个环境，让学生可以自由提出问题、进行探索和实验，进而在解决问题的过程中实现自我成长和学习。

教师可以通过设置引人入胜的问题和具有吸引力的活动来唤起学生的好奇心。设计这些活动时，教师要紧扣学生的实际生活和兴趣，以更有效地激发他们的探索欲。这种方法不仅能帮助学生获得知识，还能教会他们如何主动学习和独立寻找解决方案。

学习资源和环境的多样化对激发学生的好奇心同样重要。教师应当引入丰富的教学材料和工具，包括书籍、网络资源和实验设备，鼓励学生针对感兴趣的主题进行自我探索。这样的自主学习过程可以极大地提升学生的主动性和学习效率。

教师的反馈和态度在塑造学习氛围方面起着决定性的作用。学生在探索时获得的支持和正面反馈可以增强他们继续前进的信心。通过分享自身的探索经验和好奇心，教师可以成为学生的榜样，进一步加强学生的探索兴趣。

重要的是，教师应该认识到失败是学习过程的一部分，并鼓励学生从错误中学习和成长。教师应提醒学生将失败视为前进的踏板而不是终点，鼓励学生直面挑战，继续探索未知领域。

通过构建这样的学习环境，教师不仅能够激发学生的内在动机，还能引导他们成为有探索精神的终身学习者。在这种环境中，学生被鼓励去探索、去发现，不断寻找并追求自己的兴趣，这将极大地促进他们的个人成长和学术发展。

七年级"互联网应用与创新"这一章很好地展示了好奇心是如何促进学习真正发生的。此章涵盖了互联网的基本概念、应用以及如何创新性地使用互联网解决问题等内容。通过这个主题，学生被鼓励去探索互联网的无限可能，进而培养对学习的兴趣和好奇心。

首先，教师通过介绍互联网的各种应用，如社交媒体、在线学习、电子商务等，可以引发学生的好奇心，让他们思考并探索自己每天都在使用的这些工具背后的原理和技术。学生可能会好奇这些应用是如何被创建的，以及它们是如何改变人们的生活方式的。

其次，通过引导学生探索互联网如何促进创新，如通过案例研究展示互联网如何帮助人们解决现实生活中的问题，可以进一步激发学生的好奇心。学生被鼓励去思考自己该如何利用互联网来创新或改善人们的生活，这不仅能够增加他们对技术的兴趣，还能够激发他们的创造力，提高他们解决问题的能力。

此外，通过实践活动，如设计网页或开发一个简单的在线项目，学生可以直接应用他们学到的知识，将抽象的概念转化为具体的成果。这种学习方式不仅满足了学生的好奇心，还增强了他们的学习动机和参与感。

通过这些活动，学生的好奇心被不断地激发和满足，他们将能够更加主动地参与学习过程、探索未知领域。这样的学习体验不仅使"互联网应用与创新"这一章的内容变得生动和有意义，还促进了学生的批判性思维、创造性思维以及自我学习能力的发展。通过培养好奇心，学习真正地发生了，学生能够在探索和创新中发现自己的潜力和兴趣。

二、采用有效的教学策略

有效教学指的是教师通过教学过程的合规律性，成功引起、维持和促进学生的学习，相对有效地达到了预期教学效果①。在确保学习真正发生的过程中，采用有效的教学策略是至关重要的。一个成功的教学策略能够适应学生的多样化需求，激发他们的学习动力，并促进深度理解和批判性思维的发展。教

---

① 姚利民. 有效教学研究 [D]. 上海：华东师范大学，2004.

师需要综合考虑课程内容、学生背景、学习环境以及学习目标，从而设计和实施最适合学生的教学方法。

（一）项目化学习的价值

目前全球范围内的项目化学习浪潮延续了杜威对于教育和学习的理解，但又体现了新的学习理论和素养追求[①]。项目化学习为学生提供了探索真实世界的机会，使学习过程更具意义。学生被鼓励去主动探索，应用他们的知识和技能解决实际问题，这种方法直接增加了学习的吸引力和实用性。通过将课堂知识与现实生活相结合，学生能够看到所学内容的直接应用，增强了对学科的兴趣，并加深了理解的程度。

项目化学习支持跨学科方法，鼓励学生整合和应用不同学科的知识。这种综合性的学习方式促使学生在解决问题时从多角度思考，帮助他们建立起学科间的联系并发展出更全面的认知结构。

在团队合作的过程中，学生学习如何沟通、合作并共同解决问题，这是项目化学习的另一个重要方面。这种互动不仅提升了学生的社会技能，也使他们在团队中学会尊重他人的观点和方法，培养了领导能力和团队精神。

项目化学习还允许学生根据个人兴趣选择项目，提供个性化的学习路径。这种自定目标的学习方式有助于学生发挥自己的长处、探索自己的兴趣，同时促进他们对学习内容的掌握，提升应用能力。

通过项目的设计和实施，学生不仅在知识上获得了提升，还在学习过程中学会了反思。这种自我评估的机制促使学生思考如何改进、理解自己的学习方式，从而在学习旅程中不断进步和成长。

得益于项目化学习，教育环境变得更加活跃和富有成效，教师能够引导学生在实践中学习，发现问题并共同寻找解决方案，最终达到深度学习的目的。

我们继续以"互联网应用与创新"内容为例，将项目化学习与常规模式学习作对比（见表1-2）：

---

① 夏雪梅. 从设计教学法到项目化学习：百年变迁重蹈覆辙还是涅槃重生？［J］. 中国教育学刊，2019（4）：57-62.

表1-2　关于"互联网应用与创新"项目化学习与常规模式学习的对比

方面	项目化学习	常规模式学习
学习方法	通过解决实际问题主动学习，如探索互联网的创新应用	通过听讲和记忆被动学习，侧重理论知识
学科整合	鼓励跨学科综合应用，如结合数学、艺术与技术来设计一个网页	通常专注于单一学科，缺乏跨学科的应用
学习合作	强调团队合作与沟通，共同完成项目任务	往往依靠个人完成任务和练习，合作机会较少
学习路径	提供个性化学习路径，学生可以根据兴趣选择项目	提供统一的学习路径，所有学生学习相同的内容
反思与评价	开展自我反思和自我评价，通过实践活动促进学习和成长	重点在于标准化测试和评估，自我反思的机会较少

从表1-2可以看出，项目化学习与常规模式学习在学习方法、学科整合、学习合作、学习路径及反思与评价方面存在根本区别，突出了项目化学习在促进主动探索和实际应用方面的优势。

（二）以学生为中心的教学法

在现代教学中，教师（T）、学生（P）和教学内容（C）构成了教学活动的三大基本要素。这三者之间的关系决定了教学的质量和效果，直接影响学生的学习成果和发展。

这三者之间的逻辑关系如图1-3所示：

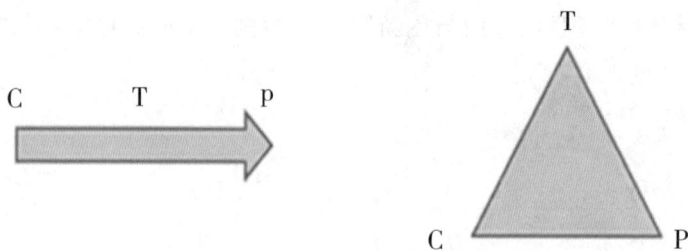

图1-3　教学活动三大要素的逻辑关系

教师是指导者和传达者，他们设计课程、传授知识、评估学生表现，并引导学生思考和探索。

学生是学习的主体，他们接收知识、参与活动、实践操作，并通过这一过程增长见识、提升技能和形成价值观。

教学内容则是教学活动的核心，包括知识、技能、概念等，是教师传授和学生学习的对象。

但中小学的教学现状主要存在如下问题：教师主导教学过程，决定教学内容和方式，而学生则被动接受和学习。以学生为中心的教学法认为，教育应该关注学生的需求和发展，鼓励学生主动参与和自主学习。这种模式有几个显著优点：

1. 提高学生参与度

让学生在学习过程中扮演更为积极的角色，提高学生的参与度和学习动力。

2. 满足个体需求

根据学生的不同需求和兴趣定制教学内容与方法，更好地促进每个学生的全面发展。

3. 发展关键能力

鼓励学生发展批判性思维、创造力和解决问题的能力，而非仅仅记忆知识。

建构主义学习理论提倡在教师指导下的、以学生为中心的学习；建构主义学习环境包含情境、协作、会话和意义建构四大要素[①]。在理想的教学模式中，教师应根据教学内容的特点和学生的需求，采用合适的教学方法，促进学生的全面发展。学生则应在教师的引导下，主动探索和吸收知识，不断提升自己。

将教学从以教师为中心转变为以学生为中心是一个必要且重要的转变。这种转变不仅能够提高学生的学习效果和满意度，还能帮助学生在迅速变化的世界中更好地适应和发展。通过实施以学生为中心的教学策略，教师可以创造一个更加动态和个性化的学习环境，让每个学生都能找到适合自己的学习路径，实现自己的潜能。我们可以从如下几个方面开展以学生为中心的教学：

（1）个性化教学。根据每个学生的能力、兴趣和学习风格，设计不同的

---

① 何克抗. 建构主义的教学模式、教学方法与教学设计 [J]. 北京师范大学学报（社会科学版），1997（5）：74-82.

学习活动和路径。

（2）互动式教学。通过小组讨论、项目合作等方式，加强学生的互动和沟通，鼓励学生共享想法和解决问题。

（3）强调过程与反思。重视学习过程中的体验和反思，鼓励学生从实践中学习、从错误中成长。

（4）多样化评估。采用多种评估方法来了解学生的学习进展，包括自我评估、同伴评估和项目展示等。

相信在这一轮课程改革当中，师生关系的转变是历史潮流的必然选择。将学生置于中心，实现师生的双向交流与合作，不仅可以更好地培养未来的创新者，也为教师自身的职业发展提供了新的机会与视角。

三、培养自主和协作的学习能力

在当今日益复杂和互联的世界中，培养自主和协作的学习能力对于学生的个人成长和未来的职业生涯非常关键。自主学习使学生能够在生活和学习中采取主动态度，而协作学习则强调团队合作和共享知识的重要性。这两种学习方式不仅有助于学生在学习上取得成功，还能帮助他们在社会和职业环境中更好地适应和发展。

（一）自主学习的重要性与实施策略

自主学习对于初中生而言，是一项重要的技能，它不仅能帮助他们在学校获得成功，还能为他们的终身学习和未来的职业生涯奠定基础。初中生处于一个重要的发展阶段，他们开始寻求独立性，同时能够处理更复杂的思维任务。因此，这一阶段是培养自主学习能力的理想时期。

1. 自主学习的重要性

对于初中生而言，自主学习的重要性主要表现在以下几个方面：

（1）增强学习动力。自主学习能够激发学生的内在动机，使他们因对学习内容感兴趣或想要达成个人目标而学习，而不仅仅是为了应对考试。

（2）发展个人责任感。通过自主学习，学生学会为自己的学习成果负责，这有助于培养他们的责任感和自我管理能力。

（3）适应未来需求。在不断变化的社会和工作环境中，自主学习能力是每个人终身学习和适应新情况的关键。培养自主学习能力有助于学生为未来的学习和工作做好准备。

（4）促进个性化学习。自主学习让学生可以根据自己的兴趣、学习速度和风格定制学习路径，从而获得更加个性化和高效的学习体验。

2. 实施自主学习的策略

对于学生来说，实施自主学习还需要教师和家长的支持和帮助：

（1）设置明确的学习目标。教师和家长应帮助学生设定具体、可衡量、可达成的学习目标，并鼓励学生制订实现这些目标的计划。

（2）提供资源和支持。教师和家长应为学生提供必要的学习资源，包括书籍、网络资料、学习工具等，并确保学生知道如何使用这些资源。同时，教师和家长应随时准备提供必要的指导和支持。

（3）培养时间管理和组织能力。教导学生如何有效管理时间、如何运用学习材料和信息。这可以通过工作坊、计划工具和日程安排等方式进行。

（4）鼓励反思和自我评估。教师和家长应引导学生思考他们的学习过程和成果，鼓励他们识别自己的强项和改进点。这可以通过日记、学习日志或定期的自我评估活动来实现。

（5）促进家校合作。教师和家长应建立有效的沟通机制，共同支持学生的自主学习。家长可以在家中创建一个有利于学习的环境，并监督学生的学习进度。

在三者形成合力的情形下，学生必定可以逐渐发展为自主的学习者，不仅在学业上取得成功，也为个人成长和迎接未来的挑战打下坚实的基础。

（二）促进学生之间的协作与交流

促进学生之间的协作与交流对于学生的学习和个人发展都是至关重要的。在这个年龄段，学生开始更加注重同伴关系，并且他们的社会技能正在快速发展。因此，提供机会让他们在学习过程中相互合作和交流，不仅可以提升他们的学习成效，还可以帮助他们发展关键的社交技能。

1. 促进协作与交流的价值

（1）提高学习效率。合作学习可以使学生从不同角度理解知识，通过讨论和合作解决问题，有助于加深对知识的理解并促进记忆。

（2）发展社交技能。在协作的过程中，学生学习如何沟通、协商、分享和尊重他人的意见，这些都是他们在日后社会生活中不可或缺的技能。

（3）增强团队精神。协作学习可以让学生体会团队合作的力量，理解集体努力的重要性，培养团队精神。

（4）培养领导能力。在合作过程中，学生有机会担任不同的角色，包括领导角色，这有助于他们发展领导能力和自信心。

2. 主要实施策略

（1）设计小组活动。教师可以设计需要团队合作的课堂活动，如小组讨论、项目制作、角色扮演等。活动应确保每个学生都有参与和作出贡献的机会。

（2）分配角色与责任。在小组活动中，教师可以给每个学生分配特定的角色与责任，鼓励他们在各自的领域内贡献力量，同时学会依赖和信任组员。

（3）建立明确的合作规则。教师应制定合作学习的规则，确保每个学生都明白如何以有礼和高效的方式与他人合作。

（4）提供反馈和评价。教师应提供对小组工作过程和结果的及时反馈，表扬有效的协作表现，指出需要改进的地方。同时，教师可以鼓励学生互相评价，提供建设性反馈。

（5）鼓励反思和交流。活动结束后，教师应引导学生反思他们的合作经历，讨论他们学到了什么、如何改进。这种反思和交流可以进一步巩固他们的学习和社交技能。

通过这些策略，教师可以有效促进学生之间的协作与交流，这不仅有助于他们的学术成长，还可以促进他们的社会和情感发展。在这个过程中，学生不仅学会了知识，而且学会了如何与人合作和沟通，为他们日后的学习和生活打下坚实的基础。

四、持续的评价和反馈

在教育过程中，持续的评价和反馈不可或缺，其对于学生的学习和成长起到非常关键的作用。通过持续的评价，教师能够了解学生的学习进展，识别他们的强项和弱项，并及时调整教学策略以满足学生的需求。同时，及时有效的反馈能够帮助学生了解自己的学习状态，激励他们改进和进步。

（一）评价的重要性

1. 评价在学习过程中的作用

评价在教育过程中扮演着重要角色，它不仅影响教学质量，也直接关系到学生的学习成效和动机。评价通常分为过程性评价、总结性评价和自省三个主要部分，每个部分都在学习过程中承担着不同的功能和责任。

（1）过程性评价。

过程性评价，也称为"格式化评价"，是在学习过程中持续进行的评价。其主要目的是监测学生的学习进度，及时发现学生学习上的问题，并提供必要的支持和指导。这种评价方式强调学习的过程而非仅仅关注结果，帮助教师了解学生对知识的掌握程度、对技能的运用情况，以及他们的学习态度和行为。

过程性评价的优点在于它能够提供即时反馈，让学生了解自己当前的学习状态，从而在教师的指导下调整学习策略、改进学习方法。对于教师而言，这种评价提供了重要信息，帮助他们根据学生的实际需求调整教学内容和方法。

（2）总结性评价。

总结性评价发生在学习活动或课程的最后，旨在评估学生对于特定知识或技能的掌握程度。与过程性评价不同，总结性评价关注的是学习结果的综合评价，常常通过考试、报告、项目或表演等形式进行。

总结性评价的重要性在于它可以帮助学生和教师了解学习的最终成果，验证学习目标是否已经达成。此外，它也是对学生整个学习过程的一次回顾和总结，有助于学生加深对学习内容的理解和记忆。

（3）自省。

自省是评价过程中的重要组成部分，指学生对自己的学习过程和成果进行反思和评估。自省能够帮助学生提升自我意识，理解自己的学习方式，认识到自己的强项和需要改进的地方。

在教育过程中鼓励自省，可以促进学生批判性思维和自主学习能力的发展。通过反思日志、学习报告或定期回顾会议，学生可以总结学习经验，设定未来的学习目标，从而在不断的自我评价和反思中实现自我提升。

评价在学习过程中的作用是多方面的。通过过程性评价和总结性评价，教师和学生可以获得学习进度和成果的即时反馈和总体概览；而自省则进一步促进了学生的内在成长和自我提升。有效的评价策略能够促进更加个性化和深入的学习，帮助学生在知识掌握和个人发展上取得进步。

2. 过程性评价和总结性评价的主要特点

过程性评价和总结性评价是教育评价中两个非常重要的概念，它们在教学过程中发挥着不同的作用，主要特点也有所不同，总结如下。

（1）过程性评价的主要特点。

过程性评价的主要特点有四个：

一是着重于学习的过程，而非最终结果。

二是提供及时反馈，帮助学生和教师识别学习过程中的困难和挑战。

三是鼓励自我调整和持续改进。

四是常通过观察、日记、自我评估等形式进行。

（2）总结性评价的主要特点。

总结性评价的主要特点有三个：

一是关注学习的最终成果或产品。

二是在学习周期结束时进行，具有终结性质。

三是常以考试、报告、演示或项目等形式进行。

过程性评价和总结性评价在教学过程中相辅相成，提供不同的信息和反馈。过程性评价帮助学生和教师理解学习过程，促进即时改进和个人成长；而总结性评价则在学习的最后阶段提供对学生综合能力和知识掌握程度的评价。理想的教学环境会结合这两种评价方法和学生的自省，以促进学生的全面发展和深度学习。

（二）促进"教—学—评"一致性

1. "教—学—评"一致性的内涵与实质

课程视域的专业化诉求引发教育界对"教—学—评"一致性的关注，评价领域的范式转型使得"教—学—评"一致性的实现成为可能①。"教—学—评"一致性是一个综合性的教学理念，它要求教学、学习和评估三个环节相互协调、紧密结合，以确保教育活动能够高效、公平地促进学生的全面发展。

（1）"教—学—评"一致性的内涵。

教：指教师的教学方法和策略，以及用于促进学生学习的教学环境和资源。在"教—学—评"一致性模型中，教学设计需要围绕学生的学习需求和目标展开，确保教学内容与学生的实际水平和兴趣相匹配。

学：涉及学生的学习过程，包括他们如何接受和处理信息、发展和理解技能，以及他们对学习材料的态度和反应。在"教—学—评"一致性模型中，学习活动应该激发学生的主动性和创造性，鼓励他们积极探索和实践。

评：包括对学生学习成果的评价方法和标准。在"教—学—评"一致性模型中，评估不仅是衡量学生知识和技能掌握程度的工具，也是促进学生学习和教师教学改进的手段。评估应与教学目标和学习内容紧密对应，公正反映学生的学习成果。

---

① 崔允漷，夏雪梅．"教—学—评一致性"：意义与含义 [J]．中小学管理，2013（1）：4-6.

（2）"教—学—评"一致性的实质。

"教—学—评"一致性的实质在于创建一个协调一致的教学环境（见图1-4），其中教学方法、学习活动和评估策略相互支持，共同帮助学生获取成功。这要求教师不仅关注学生的最终成绩，而且关注学生的学习过程和经验，确保学生在每一个学习阶段都获得恰当的支持和挑战。

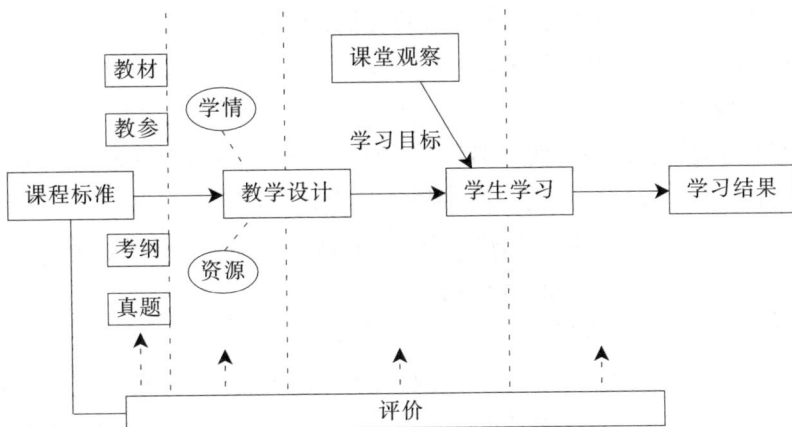

图1-4　"教—学—评"一致性

通过实现"教—学—评"一致性，教育目标将更加明确，学生的学习将更加有效，教师的评估将更加准确。这种一致性促进了教育过程中各方面的有效关联，确保了教育质量和效率，同时为学生的个人和职业发展打下坚实的基础。

2. 落实"教—学—评"一致性的关键点

落实"教—学—评"一致性的关键点在于创建一个协调一致的教学环境，其中教学方法、学习活动和评估标准相互支持，共同促进学生的全面发展。这需要教师对教育过程进行细致的规划和反思，以及对学生进行持续的支持和指导。

（1）明确的教学目标。

落实"教—学—评"一致性的第一步是设定清晰、具体、可达成的教学目标。这些目标应当基于学生的实际需求和发展水平，同时反映课程标准和学科要求。教学目标的明确性为学生的学习方向提供了指导，并成为评价学生学习成果的基准。

（2）以学生为中心的教学设计。

教学设计应以学生为中心，考虑他们的兴趣、背景和学习风格。这涉及选择适合学生发展水平的教学内容、采用多样化的教学方法以及创建积极包容的学习环境。将学生放在教学活动的中心，可以促进他们的主动参与和深度学习。

（3）整合学习活动与评估方法。

学习活动与评估方法应紧密结合，确保评估策略能够准确反映教学目标和学习内容。这意味着评估应覆盖学生应该学习的各个方面，包括知识理解、技能应用和态度发展。同时，过程性评价应贯穿学习过程，提供及时反馈，帮助学生和教师调整学习和教学策略。

（4）持续的反馈与支持。

提供持续的反馈是落实"教—学—评"一致性的重要一环。教师应定期对学生的学习进展作出反馈，同时鼓励学生自我反思和自我评估。这种双向的、持续的反馈机制有助于构建一个支持性的学习环境，鼓励学生积极参与学习过程，并及时调整自己的学习策略。

（5）教师的专业发展。

教师是落实"教—学—评"一致性的关键。因此，教师的专业发展和持续学习对于实现这一目标尤其重要。教师应不断创新自己的教学方法和评估技巧，了解最新的教育理论和实践，以更好地满足学生的学习需求。

以七年级"互联网应用与创新"这一章为例，实现"教—学—评"一致性可以按以下步骤进行：

（1）确定教学目标。明确本章的教学目标，如使学生能够理解互联网的基本原理、掌握基本的网络安全知识，以及能够进行简单的网页设计。

（2）设计学习活动。根据教学目标设计相应的学习活动，如通过案例研究讨论网络安全问题、分组完成网页设计项目等。这些活动应让学生在实践中应用所学知识，同时鼓励探索和创新。

（3）制定评价标准。创建与教学目标和学习活动相对应的评价标准。评价不仅应关注学生的最终成果，也应考虑学生在学习过程中的努力和进步。例如，对于网页设计项目，评价标准可以包括设计的创意性、功能性和用户体验等。

（4）作出反馈和调整。在学习过程中及时提供反馈，帮助学生看到他们的进步和需要改进的地方。同时，教师根据学生的反馈和学习成果调整教学方法和内容，确保教学活动更好地满足学生的需求。

通过这样的步骤，教师可以确保教学内容（教）、学生的学习过程（学）和评价方式（评）之间的一致性和协调性，从而在七年级"互联网应用与创新"的教学中实现"教—学—评"的一致性，最终促进学生的深度学习和全面发展。

（三）从"教—学—评"一致性到"教—学—评"一体化

从课程实施"教—学—评"一致性出发阐述课堂教学"教—学—评"一体化的内涵①。在新课标中，个别学科使用了"'教—学—评'一体化"的名称。从内涵和实质来看，两者有细微的差别。

1．"教—学—评"一致性

（1）"教—学—评"一致性的重点。

"教—学—评"一致性侧重于确保教学目标、学习活动和评估标准之间的对齐和一致。它强调教学内容和评估方式应直接反映教学目标，确保所有学生都按照相同标准被评估。

（2）"教—学—评"一致性的应用。

在教学设计时，"教—学—评"一致性要求教师明确教学目标，然后设计相应的学习活动和评估方法，确保它们紧密相连、相互支持。例如，如果教学目标是提高学生的批判性思维能力，那么学习活动应该包含批判性分析的任务，评估则应检验学生在这方面的能力提升。

2．"教—学—评"一体化

（1）"教—学—评"一体化的重点。

"教—学—评"一体化不仅强调一致性，而且更进一步强调将教学目标、学习活动和评估标准融合为一个整体的过程。它着眼于通过连续不断的互动和反馈使教学目标、学习活动和评估标准相互促进，形成一个循环、动态的学习环境。

（2）"教—学—评"一体化的应用。

在这个模型中，教学设计不仅包括对教学目标、学习活动和评估标准的统一规划，而且包括环境创建，其中学生的学习过程被持续地监测和调整，评估成为学习过程的一部分，而不仅仅是结束时的总结。例如，在教学过程中，教师可能会实时收集学生的反馈，根据这些反馈调整教学策略，同时鼓励学生根据评估反馈调整自己的学习方法。

总的来说，"教—学—评"一致性更侧重于教学过程的规划阶段，确保各个环节的对齐和一致；而"教—学—评"一体化则在此基础上更进一步，强

---

① 王云生．"教、学、评"一体化的内涵与实施的探索［J］．化学教学，2019（5）：8-10，16.

调在整个教学过程中的动态互动和整合，为学生带来连续的、互动的学习体验。在教学设计中，理解这两者之间的区别对于制定有效的教育策略和实践至关重要。

3. "教—学—评"一体化与项目化学习的关系

"教—学—评"一体化是一种教育理念，它强调将教学目标、学习活动和评估标准融为一个整体的过程，相互促进。而项目化学习则是一种教学方法，它使学生在真实的世界或模拟的情境中解决问题、完成项目，以学习知识和技能。

这两者之间的关系主要体现在以下四个方面：

（1）以学生为中心的教育方式。

"教—学—评"一体化和项目化学习都强调以学生为中心的教育方式。在项目化学习中，学生是学习过程的主导者，这与"教—学—评"一体化强调的学生主动参与和自主学习的理念相符合。

（2）教学与评估的整合。

项目化学习通常包括对学生项目的持续评估和最终评价，这符合"教—学—评"一体化中评估与教学活动的整合。在项目化学习中，教师可以通过观察学生在项目中的表现提供及时反馈，促进学生的学习和成长，这种评估方式直接融入了学习过程。

（3）自我反思与自我评估。

"教—学—评"一体化强调学生的自我反思和自我评估，这与项目化学习中的实践也是一致的。在完成项目的过程中，学生需要反思自己的学习策略和成果，这有助于他们理解自己的学习过程并成长。

（4）实践和应用。

项目化学习使学生能够在实践中应用所学的知识和技能，这种实践性学习与"教—学—评"一体化强调的学习实践和应用相契合。通过实践项目，学生可以将理论与实践结合起来，深化学习的意义。

第二章　从项目化学习走向真正学习

如果我们教今日的学生像我们教昨日的学生一样，那我们就辜负了他们的明天。

——约翰·杜威

在教育的广阔舞台上，项目化学习逐渐崭露头角，成为一种现代教学方法。那么，项目化学习从何而来？它又是怎样被定义和解读的？本章将揭示项目化学习的历史起源与演变过程，介绍它的基本概念、特征与优势以及其在现代教育中所具有的深远影响，并将进一步讨论它所包含的关键要素。本章旨在通过对项目化学习的细致探讨，展现其在教育领域中的重要价值与意义。

第一节　项目化学习的起源与发展

一、项目化学习在国外的发展情况

随着 20 世纪的教育改革和教育哲学的演变，项目化学习逐渐受到关注，其发展不仅在实践中留下了深刻的足迹，而且在理论层面也展现出丰富的内涵与创新。

（一）早期探索阶段（20 世纪初）

约翰·杜威作为现代教育哲学的奠基人，他的"经验教育"思想强调的是从学生的实际经验出发的教育方式。他提倡的学习方式不是单纯的书本学习，而是学生在实际问题探索中的深度参与。这样的思想启示了后世，为项目化学习的理论发展埋下了伏笔。

（二）实践推广阶段（20 世纪中叶）

在这一时期，美国等地的学校尝试将教育与实际问题结合，实践杜威的教育思想。这样的教育改革引起了广大教师的关注，项目化学习的种子开始萌芽。这种以问题为核心的学习方法能够极大地提升学生的主动参与度和学习兴趣。

（三）理论深化与拓展阶段（20 世纪末）

这一阶段是项目化学习理论的高速发展期。首先，由约翰森兄弟提出的"合作学习"模型强调学生在团队合作中能够更好地学习和交流。接着，受到皮亚杰和维果茨基的启发，项目化学习被认为是学生在真实环境中自主建构知识的最佳方式。此外，随着教育研究的不断深入，如何设计更有挑战性和启发性的项目任务也逐渐成为学者们探讨的重点。

（四）理论完善阶段（21 世纪）

随着信息科技的飞速发展，项目化学习逐渐进入数字化阶段，这为教师和学生带来了既具挑战又充满机遇的新领域。在这个阶段，项目化学习的实施不再仅限于传统的教室和实地调查，而是延伸到了线上平台、虚拟现实和增强现实技术中。

例如，美国麻省理工学院开发的"Scratch"编程教学平台就为全球的学生提供了一个共享和合作的空间。在这个平台上，学生可以使用拖放式的编程语言进行项目式的学习，创建动画、游戏和互动故事，同时，学生们还可以在此交流创意，共同完成项目，体验跨文化合作。

另外，随着人工智能技术的不断进步，项目化学习在教育领域的实践也得到了深刻的革新。人工智能系统能够为学生推荐与其学习习惯、兴趣和能力相匹配的学习资源，从而更有针对性地支持他们的项目任务。同时，人工智能系统不仅可以作为学生的智能助手提供所需的数据和答疑，还能创建逼真的模拟环境，让学生在安全的条件下进行实验和探究。更为突出的是，人工智能系统可以为教师提供及时的学生学习进度的反馈，以及为学生的错误提供纠正意见，使得学习更加自适应和个性化。此外，通过利用人工智能系统的自然语言处理和实时翻译技术，学生有机会与全球范围内的同伴、研究者或专家进行无障碍交流，进一步丰富项目的内容。这些技术的综合应用使得项目化学习在人工智能系统的助力下更为全面、深入且具有创新性。

这种数字化环境为项目化学习提供了无限的可能性，教师开始探索如何将这些先进技术与教育理念相结合，为学生提供更加丰富、互动和实践的学习体验。

二、我国项目化学习的发展进程

在我国，项目化学习已逐渐成为推动学生全面发展的重要学习方式。首先，这种教育模式标志着教育观念的重大转变。传统的"填鸭式""讲授式"教育方式已不再适应现代社会的需求。教育工作者开始意识到，真正的教育应当鼓励学生发展主动性、创造性和实践能力。这一认识阐述了学生如何从被动的知识接受者转变为主动的知识探索者。北京的某些实验学校在日常教学中的实践，比如设计一个社区环保项目，就能够让学生在实际操作中获得深入的学习体验。

其次，随着数字技术和互联网的普及，项目化学习得到了前所未有的技术支撑。李晓霞教授认为，信息技术环境下基于问题的学习方式（Problem-based Learning，PBL），是以学生为中心，围绕问题或项目展开学习活动，让学生的学习活动在信息技术环境中实施，主动探究、解决问题，建构自己的知识结构体系，从而使学习者获得对知识的持久性理解和对操作技能的熟练性把握，培养学生信息技术素养、创造性思维、解决问题的能力[①]。

此外，全球化的浪潮也为项目化学习带来了新的机遇。我国的教师开始与国际上的同行进行更多的交流和合作，借鉴和学习国外的先进经验。这种交流不仅加深了我们对项目化学习的认识，还推动了其在我国的进一步发展和深化。

总的来说，项目化学习在我国从理论到实践都已取得了显著的进展。无论是政府、教育机构还是学者，都已意识到项目化学习的重要性，并在各自的领域里为其发展作出了不懈的努力。未来的教育应该聚焦在培养学生的探究创新能力、合作交流能力、分析与解决问题能力以及应对社会挑战和环境变化能力上。而项目式学习被看成是提升学生核心素养与增强未来竞争力的有效学习方式[②]。项目学习日常化、标准化将是项目学习应用与发展的大趋势，进而促使

---

① 李晓霞. 信息技术环境下 PBL 的设计研究 [D]. 成都：四川师范大学，2005.
② 刘念. 项目式学习在我国中小学开展的可行性分析 [J]. 基础教育研究，2021（17）：37-39.

项目学习发展成为一种不可或缺的教与学的方法。①

第二节　项目化学习的概念、特征与优势

一、项目化学习的定义与主要特征

项目化学习是一种把学生置于中心、以问题导向为方式进行的教学策略。在此策略下，学生不再仅仅是知识的被动接受者，而是逐渐成为主动的探索者与参与者。目前全球范围内的项目化学习浪潮则延续了杜威对于教育和学习的理解，但又体现了新的学习理论和素养追求，指向个体和社会价值的整合、核心知识的深化和思维迁移，并通过寻求项目与学科核心知识的内在关联，解决分科与综合、知识与能力的矛盾②。

（一）项目化学习的定义

项目化学习是指学生在一段时间内对与学科或跨学科有关的驱动性问题进行深入持续的探索，在其调动所有知识、能力、品质等创造性地解决新问题并形成公开成果的过程中，形成对核心知识和学习历程的深刻理解③。

（二）项目化学习的主要特征

（1）以学生为中心。

此方法强调学生的主体性，让学生扮演主角并自我导向地进行探索，而教师则作为辅助者为他们提供引导。

（2）问题导向。

学习通常围绕实际的、相关的问题或情境来展开，这些问题或情境不仅具有学科背景，还与学生的日常生活和兴趣紧密相连。

（3）跨学科整合。

与单一学科的传统教学方式不同，项目化学习鼓励学生从多个学科的视角

---

① 李玉霞，田科. 国内项目学习现状与发展刍议［J］. 江西教育，2013（33）：9 – 10.

② 夏雪梅. 从设计教学法到项目化学习：百年变迁重蹈覆辙还是涅槃重生？［J］. 中国教育学刊，2019，（4）：57 – 62.

③ 夏雪梅. 素养时代的项目化学习如何设计［J］. 江苏教育，2019（22）：7 – 11.

分析问题，形成全面的理解。

（4）合作学习。

这种方法强调学生之间的团队合作，以及在团队中的沟通和协作能力。

（5）真实性与实践性。

学生将在接近现实的情境中进行学习，这种方式使学习更加有趣并且意义深远，它还帮助学生将学到的知识转化为实践经验。

以关于"智慧城市模型"（见图2-1）的项目为例，在这个项目中，八年级的信息科技与数学学科的教师合作，为学生设计了一个长达三个月的项目。学生被分为多个小组，每个小组的任务是设计一个智慧城市模型，特别是利用物联网技术来提高城市的能源效率和居民的生活质量。为了完成这个项目，学生需要研究物联网的基本原理，了解如何收集、分析和利用大量的数据，以及如何将这些数据转化为有用的信息来指导城市的决策。他们还需要学习编程，控制各种传感器和执行器，并将它们整合成一个完整的系统。在项目结束时，每个小组都进行互动展示，展示他们的智慧城市如何工作，以及如何提高城市的能源效率和居民的生活质量。这不仅帮助学生深入了解信息科技和数学的知识，还培养了他们的团队合作、项目管理和创新思维能力。

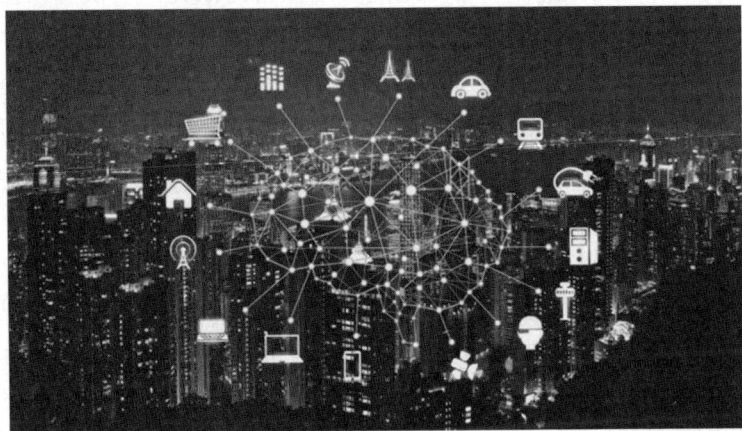

图2-1 智慧城市模型

通过这种真实的、基于问题的学习方式，学生不仅掌握了相关的学科知识，而且还培养了解决复杂问题的能力和跨学科的思维方式。

二、项目化学习的重要性

约翰·杜威的"体验式学习"理论强调学习应该是基于实际经验和亲身参与的，而不仅仅是理论知识的传授。他主张学生通过实际探究和解决问题来获得知识和技能。建构主义理论也强调学习是一个主动的过程，学生通过与周围环境互动，建构自己的知识体系。学生通过项目来学习主要的学科概念和技能，需要"建立起项目活动和隐藏其后的希望被掌握的概念性知识之间的关联"[①]。学生在解决问题、完成任务的过程中，逐渐建立起对知识的理解和意义。

我们来看一下在实际教学中学生主动参与学习的重要性：

（一）深度学习

项目化学习注重对学生批判性思维、创新思维等高阶思维的培养，让学生在探究情境问题中整体把握核心知识，在实施项目的过程中建构知识体系，同时引导学生理解社会责任等。这些特点使得项目化学习成为培育和发展核心素养的重要手段和有效途径[②]。学生通过实际项目的探究，不仅可以获得知识，还能够深入理解知识的内涵和应用。例如，在六年级"过程与控制"模块中，学生自主选择感兴趣的主题，如智能植物养护系统，通过传感器和数据处理技术，监测土壤湿度、光照等环境参数，从而实现植物的自动养护。这种实际操作让学生更加深入地了解了相关原理和技术。

（二）自主发现

学生在实践中不断探索、发现问题，培养了自主学习和自我发现的能力。在八年级"物联网实践与探索"模块中，学生需要分析家庭生活中的需求，设计并实现相应的功能，如远程控制灯光、温度等。通过这个过程，他们不仅掌握了物联网技术，还发现了将技术应用于实际问题解决中的方法。

---

① BARRON B J S, SCHWARTZ D L, VYE N J, et al. Doing with understanding: lessons from research on problem-and project-based learning [J]. The journal of the learning sciences, 1998 (7): 271–311.
② 于家宁. 指向深度学习的项目化学习设计改进研究 [D]. 上海：华东师范大学, 2021.

（三）协作与沟通

项目化学习强调合作与沟通，学生需要与他人协作解决问题，锻炼了团队协作能力和沟通技能。在九年级"人工智能与智慧社会"模块中，学生合作设计一个智能助手应用，需要理解自然语言处理和机器学习技术，并将其应用于实际情境中。这种合作与协调让学生不仅在技术上互补，也学会了有效沟通和分工合作。

（四）实际应用

学生学习知识的目的在于将所学的知识应用到生活中，去解决实际问题。而高阶思维能力则是在此基础上进一步将知识进化①。在这些项目中，学生不仅学习知识，还将其应用于解决实际问题，如智能家居控制系统的设计和实现，以及智能助手应用的开发。

（五）创新能力

学生在项目中面对各种问题需要提出创新性的解决方案，培养了创新思维和创造力。在创客、物联网和人工智能项目中，学生常常需要从不同角度思考问题，寻找新的解决方案，从而培养了创新的能力。

学生主动参与项目创作的重要性与价值得到了理论与实际教学案例的充分支持。这种教育模式不仅促使学生更深入地学习和理解知识，还培养了他们的实践能力、团队合作能力和创新思维，从而为未来的学习和职业发展打下坚实的基础。

三、项目化学习的优势

沈书生认为，项目化学习要借助与真实世界相关联的真实项目，重新设计教学，实现知识与项目的高度融合，从而帮助学生将所学的知识与真实世界相联系，以达到学以致用的效果②。我们可以通过学习方式、教学目标、知识获取等要素将传统教学模式与项目化学习模式进行对比（见表2-1）：

①　龙海蜀. 面向高阶思维能力培养的初中数学项目化学习的思考与实践 [D]. 上海：上海师范大学，2021.

②　沈书生. 从环境到智慧：信息时代的教学变革 [M]. 北京：科学出版社，2017.

表 2 - 1　传统教学模式与项目化学习模式对比

对比要素	传统教学模式	项目化学习模式
学习方式	以教师为中心，学生被动学习	学生主动参与，自主构建知识体系
教学目标	以考试为导向，以知识传授为主	强调解决实际问题、培养综合素养
知识获取	教师传授知识，以课本为主	学生在实际问题中主动获取知识
问题解决	基本围绕课本和练习题解决问题	通过实际项目和情境解决问题
合作与交流	学生独立学习，缺少合作机会	学生需要团队合作，积极交流
兴趣与动机	学生兴趣可能不被充分激发	根据学生兴趣定制项目，增强动机
实际应用	知识应用较少，与实际脱节	将知识应用于实际项目，提升实际应用能力
自主学习能力	较少强调自主学习	鼓励学生自主学习和探究
创新能力	鲜少培养学生的创新意识和创造力	培养学生创新思维和解决问题的能力
教师角色	传授知识，管理课堂秩序	充当指导者、辅导者，引导学生自主探究
评价方式	基于考试和作业成绩的评价	综合评价，包括项目成果、合作能力、创新思维等
教材使用	以固定教材为主	教材多样化，结合实际项目需求
学习动机与兴趣培养	缺少个性化和差异化的培养	通过项目选择和设计，培养学生兴趣和动机
跨学科融合	较少涉及跨学科知识和技能	可以涉及多学科知识，提升综合能力
学习成果呈现方式	以考试成绩为主要呈现方式	通过项目成果展示、报告等多种方式呈现

下面以八年级"物联网实践与探索"模块中的"制作智能家居"一课为例：

(一) 传统教学模式下"制作智能家居"教学过程

（1）理论讲授。教师讲解物联网和智能家居的基础理论知识，如物联网的原理、组件和应用等。

（2）教材学习。学生通过指定教材学习各种传感器、执行器和通信协议的基础知识。

（3）示范实验。教师在课堂上示范智能家居的一个小应用，如智能灯控制。

（4）练习。学生按照教材和教师提供的指导进行简单的实验和操作。

（5）考试评估。通过笔试和简单的实验操作考核学生的学习成果。

（6）优势。结构清晰，学生容易按部就班地学习；重视基础理论知识的传授。

（二）项目化学习模式下"制作智能家居"教学过程

（1）项目启动。学生分组，每组选择或被分配一个智能家居的小项目，如智能温控、智能安全监控等。

（2）需求分析。学生需要调研并确定他们所设计的系统应该实现的功能。

（3）资源和材料探索。学生自行搜集相关资料和教程，确定所需的传感器、执行器和其他物联网设备。

（4）设计与实现。学生开展团队合作，设计系统结构，编写代码，并进行实际连接与调试。

（5）测试与优化。项目完成后，学生进行实际测试，根据测试结果进行优化。

（6）展示与评估。每个团队将其项目成果向全班展示，并接受同学和老师的反馈与评价。

（7）优势。鼓励学生主动学习和实践，提高实际操作能力；培养学生的团队合作和项目管理能力；使学生更好地理解和应用所学知识；培养学生的创新思维和解决实际问题的能力。

（三）结论

虽然传统教学模式有稳定性和重视基础知识等优点，但项目化学习模式更能培养学生的实际操作和应用能力，特别是在物联网这样的技术应用领域中。通过项目化学习，学生能更深入地理解知识，并将其应用于实际情境中。

总体而言，项目化学习模式与传统教学模式存在着明显的区别。项目化学习模式通过激发学生的兴趣和主动性，培养学生的实际问题解决能力、创新能力和团队合作能力。与此相比，传统教学模式更加注重知识的传授，强调教师的角色。在信息科技领域，项目化学习模式更能够培养学生在实际应用中的能力，使他们更好地适应快速变化的科技环境。

第三节　项目化学习的理论与要素

一、项目化学习的理论支撑

项目化学习在其发展与实践中，得益于多种教育理论的指导与支撑，形成了一个多维度、互补性的理论体系。

建构主义教学思想的主要观点有：学生是一个自我建构知识和现实的自生产系统；学生主观的自我反省被理解为教学的中心；知识不是被动接受的，而是认知者主动建构的[①]。

在项目化学习的环境中，这种主动性尤为明显。学生不再是被动的听众，而变成了积极的知识创造者。他们研究问题、设计解决方案，并在实践中测试这些方案，从而对所学内容产生更深入的理解。建构主义为我们提供了一个框架，帮助我们理解为什么将学生放在一个真实世界的情境中能够更好地促进他们的学习。

维果茨基的社会文化理论进一步凸显了社交互动在学习中的重要性。他主张，认知是在社会互动中形成的。在项目化学习中，学生常常需要与他人合作，通过团队合作、讨论和辩论，他们能够相互挑战、互相学习，从而达到更高层次的认知发展。维果茨基的"最近发展区"概念也为项目化学习提供了重要的理论支撑，强调了适当的指导和合作在帮助学生超越其当前能力水平上的重要性。

情境学习理论再次强调了学习应该是情境化的、有意义的。知识并不是脱离情境的抽象概念，而是在实际情境中获得并应用的。项目化学习正是这种情境学习的完美体现，它将学生置于真实的、与生活紧密相关的问题或任务中，鼓励他们应用所学知识解决实际问题，从而使学生获得更深的理解和更持久的记忆。

这些教育理论为项目化学习提供了坚实的理论基础和方向指引。它们不仅解释了为什么项目化学习能够有效，还提供了如何设计和实施项目化学习的实

---

① 张桂春. 建构主义教学思想的张力 [J]. 教育科学，2003（1）：17 – 20.

践建议。从学生的主动探索到团队合作中的社交互动，再到情境中的实际应用，这些理论为项目化学习的每一个环节都提供了深刻的洞察和理论支持。

二、项目化学习的基本要素

项目化学习是一种以学生为中心的教学方法，它鼓励学生通过探索和解决真实世界的问题来积极地学习和掌握知识。项目化学习的基本要素如图 2-2 所示。

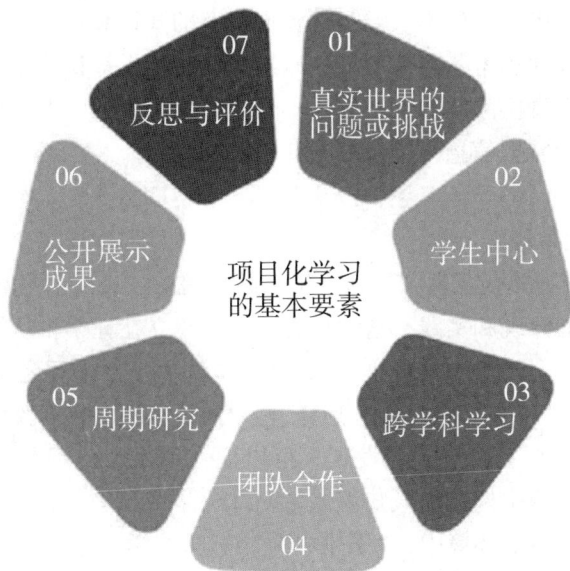

图 2-2 项目化学习的基本要素

（一）真实世界的问题或挑战

项目化学习的核心魅力之一在于它是围绕真实世界的问题或挑战来设计的，项目化学习的内涵是面向真实世界的问题解决①。这种基于问题的学习理论是由霍华德·巴罗斯和他在医学教育中的同事们在 20 世纪 70 年代提出的。它主张将真实世界的复杂问题作为学习的切入点，鼓励学生通过协作、批判性思考和自我导向的学习方法来寻找答案。

———————————

① 刘徽. 项目化学习：面向真实世界的问题解决 [J]. 上海教育，2019 (Z2)：4.

在信息科技领域，真实的问题或挑战通常与我们在日常生活中所遇到的技术问题或需求有关。例如，如何使用技术解决城市交通拥堵问题、如何创建一个能自动分类和整理照片的应用程序，或者如何设计一个为特定用户群体提供健康建议的智能健康监测系统。

以智能交通系统为例。当前，随着城市化的快速发展，交通拥堵已经成为许多大城市的日常现象。学生可以从这个真实问题出发，进行项目化学习。他们首先可以研究现有的交通管理系统，了解它们的优缺点，然后研究如何使用信息科技（如物联网技术、大数据分析、机器学习等）来优化这些系统。学生可能需要掌握车辆流量模式、驾驶员行为、交通规划等多方面的知识，以及学习如何将这些知识应用到实际的技术解决方案中。

在这个过程中，学生不仅要运用他们已有的知识和技能，还要学会如何协作、如何批判性地思考、如何创新，以及如何将所学知识应用到真实问题的解决中。这种基于真实问题的学习方法不仅能增强学生的学习动机，还能帮助他们更好地理解和掌握信息科技领域的知识和技能。

（二）学生中心

"学生中心"的教育理念不是近年来的新提法，在项目化学习中，这一理念得到了深入的体现和实践。这一理念的基础建立在让学生从被动的接受者变为主动的参与者。约翰·杜威早在 20 世纪初就主张"学习是主动的"和"思考是学习的中心"。他强调，教育应该是以学生为中心的，教育的主要任务是鼓励和促进学生的主动探索与发现。可以说，项目化学习是一种创建学习环境，让学生在环境中构建个人知识体系的方法①。

在项目化学习的环境中，"学生中心"意味着学生掌握了他们学习旅程的主导权。他们不再仅仅是被动地听讲、记笔记，而是成为问题的解决者、研究者和创造者。在这一过程中，学生不仅要主动寻找和整合资源，进行深入的研究，还要与同伴协作，共同探讨、批判和解决问题。

而教师在这个过程中则从传统的"知识的传递者"角色转变为"指导者"和"协助者"。教师的任务不再是单纯地传授知识，而是为学生提供一个支持性的学习环境，帮助他们发现和解决问题，鼓励他们进行批判性思考，并在必要时为他们提供指导和支持。

这种"学生中心"的方法能够更好地满足学生的学习需求，激发他们的学习兴趣和动机，同时能培养他们自主学习、批判性思考和协作的能力。多年

---

① 夏惠贤. 多元智力理论与个性化教学［M］. 上海：上海科技教育出版社，2003：92.

的教育研究也表明，当学生能够主动参与、探索和创造时，他们的学习效果和满足感都会得到显著提高。

（三）跨学科学习

跨学科学习的理论基础可以追溯到多元智能理论、结构主义和整合学习的观点。霍华德·加德纳的多元智能理论提出，人们拥有多种不同类型的智能，而不仅仅是传统的逻辑—数学智能或语言智能。这意味着学生在解决问题或面对挑战时可能需要动用不同类型的智能，而这往往需要结合不同学科的知识和技能。

结构主义的教育观点强调知识的关联性和综合性，认为学生不应该被孤立的知识片段所限制，而应该探索知识之间的关联和整体性。当学生在项目中涉及跨学科学习时，他们会看到不同学科知识之间的联系，从而更好地理解和应用这些知识。

此外，整合学习的观点提出，学习应该超越单一学科的界限，让学生在真实世界的背景下整合并应用他们在不同学科中学到的知识和技能。这种整合性的学习方式更符合现实生活情境，因为现实生活中的问题往往不囿于一个学科领域。

在项目化学习中，跨学科学习的实践尤为显著。以信息科技项目为例，假设学生要设计一个环保应用程序，他们不仅需要了解计算机科学的知识，还需要了解环境科学的基础知识，可能还涉及统计学、公共关系、美术设计等多个领域的知识。学生必须综合运用这些跨学科的知识和技才能完成他们的项目。

总的来说，跨学科学习不是简单地拼凑不同学科的知识解决问题，而是在解决真实而复杂的问题时学习不同学科的知识，产生整合性的成果与理解[①]。跨学科学习强调的是多学科知识和技能的整合，这种学习方式可以更好地帮助学生理解和应用知识，培养他们的批判性思维、创造性和协作能力，并为他们提供更加丰富和真实的学习经验。

（四）团队合作

团队合作一直被视为项目化学习中的一个核心要素。它不是指几个学生聚在一起完成任务，而是意味着每个学生在团队中都有独特的角色和贡献，共同

---

① 夏雪梅. 跨学科项目化学习：内涵、设计逻辑与实践原型［J］. 课程·教材·教法，2022，42（10）：78－84.

努力实现项目目标。维果茨基的社会建构主义理论强调了社交互动在知识建构中的重要性。他认为学习是一个社会过程，通过与他人的互动，学生能够达到他们自己无法单独达到的发展水平，即"最近发展区"。

在这样的理论背景下，团队合作在项目化学习中占据了核心地位。学生在团队中分享知识、技能和资源，通过集体讨论、协作和冲突解决实现了深层次的学习。这样的合作方式不仅有助于巩固学生的知识和技能，还能够培养他们的沟通、合作和解决冲突的能力，这在现代社会中是极为重要的。

以信息科技为背景的项目化学习为团队合作提供了丰富的实践场所。例如，在设计一个学校互助平台的项目中，学生需要分工合作，有的负责需求调研，有的负责界面设计，有的负责编程开发。在这个过程中，学生可能会遇到各种问题，如技术难题、设计选择、资源分配等。团队成员之间需要进行有效的沟通和协调，找到最佳的解决方案。这样的实际操作不仅让学生体验到了真正的团队合作的过程，还让他们了解到了信息科技项目开发中的各种挑战和困境。

此外，信息科技工具和平台也为团队合作提供了有力的支持。例如，后文介绍的在线协作工具（如 Teambition 或 boardmix）可以帮助团队成员实时分享信息、分配任务和跟踪进度。这种技术的应用不仅提高了团队的工作效率，还有助于培养学生的数字素养和在线协作能力。

（五）周期研究

传统的课堂学习方式常常是围绕教科书和固定的教学内容展开，学生在有限的时间内快速掌握知识点，而后迅速进入下一个主题。这种方式可能导致知识点之间的关联性被忽视，学生的理解可能仅停留在表层，难以实现深度学习。然而，项目化学习通过周期研究为学生提供了深入探讨和理解特定主题或问题的机会，这与建构主义理论强调的深度学习经验高度吻合。

在项目化学习中，周期研究不仅是为了完成一个项目任务，而且要让学生充分沉浸在这个问题中，从不同的角度思考，寻找多种解决方案，和团队成员进行深入的讨论和交流。这样的学习过程促使学生运用和整合他们以前的知识和经验，同时探索新的知识领域。长时间的投入和探索有助于学生建立知识与知识之间的联系，形成更加完整和系统的知识体系。

例如，学生正在研究如何设计一个安全高效的数据传输协议，这不是一个简单到可以在课堂上完成的任务。学生需要深入了解网络的工作原理，研究现有的数据传输协议，考虑各种可能的安全威胁，然后设计出他们自己的协议。

在这个过程中，学生可能需要阅读大量的专业文献，进行实验验证，与专家进行讨论等，这需要长时间的投入和研究。

此外，周期研究还有助于培养学生的持久和深入学习的习惯。在项目的开展过程中，学生可能会遇到各种困难和挑战，如信息收集的难题、技术难点、团队合作的冲突等。这时，学生需要展现出坚韧和毅力，坚持探索和研究，直至找到合适的解决方案。这样的学习经验不仅能够加深学生对知识的理解，还能够培养他们面对困难不放弃、持续努力的优良品质。

（六）公开展示成果

项目化学习的核心之一是学生对所学知识的实际应用和综合应用，而这一切在项目的最终成果中得到了体现。公开展示成果不仅是一个简单的"展示"，成果要体现学习深度，指向核心知识并解决真实问题，而不只是简单地制作一个产品①。

公开展示成果不仅是检验学习效果的手段，更是培养学生多种关键能力的重要环节。这样的展示让学生深入反思、总结自己的项目，评估过程中的得失，为终身学习定向，明确个人的长远发展。此外，它为学生提供了与外界交流分享的场景，促使他们学会有条理地阐述观点，接受并处理外界的反馈，从中锻炼卓越的公众演讲和沟通技巧。这些技能在现代社会中的重要性不言而喻。而且，团队项目中的公开展示强调了协同努力，让学生体会到团队间的沟通和配合的必要性，进而培养其团队协作的精神和实际能力。

此外，公开展示成果还可以培养学生的自信心。成功地完成一个项目并将其展示给他人可以给学生带来巨大的成就感。这种成功的经验可以增强学生的自信，鼓励他们在今后的学习和生活中更加积极主动，勇于面对挑战。

（七）反思与评价

项目化学习的一大特色就是项目结束后的反思与评价环节。项目化学习的评价强调全程性，贯穿于整个项目学习的过程②。这不仅是对项目结果的简单评估，也是对整个学习过程、合作模式、资源利用等方面的深入思考。此环节具有多重价值，对于提升学生的学习效果、指导未来教学，以及促进教师之间

---

① 夏雪梅，方超群，刘潇，等. 素养视角下的项目化学习：内涵、价值及实践：访上海市学习基础素养团队 ［J］. 新课程评论，2019（11）：14－20.

② 于家宁. 指向深度学习的项目化学习设计改进研究 ［D］. 上海：华东师范大学，2021.

的互动都起到了至关重要的作用。

项目化学习的反思与评价对于学生、教师及整个教育体系都具有深远的意义。首先，对于学生而言，通过反思自己在项目中的学习轨迹，他们不仅能加深对学习内容的理解，更能巩固所获得的知识和技能。与此同时，这一过程要求学生自我评估，从而培养他们的自我认知、自我管理能力，为终身学习打下坚实基础。评价过程中的批判性评估和深入反思也有助于学生培养批判性思维和独立思考能力。

其次，对于教师而言，项目的评价为他们提供了宝贵的反馈机会，使得他们能够了解并优化自己在项目设计、组织与指导上的不足，促进对教学策略和方法的持续完善。此外，项目评价有多方参与，包括学生、教师、学校管理者、家长和社区成员，这种综合性的评价模式加强了各方之间的沟通与合作，促进了一个更为紧密的、关心学生学习的教育共同体的形成。

最后，每次项目的结束都伴随着反思与评价，这些经验为未来的项目化学习提供了有利的参考，确保学生和教师在未来的学习和教学中更加得心应手、更有效地实施项目设计与实践。

三、各基本要素之间的逻辑关系

项目化学习的基本要素之间存在深入的逻辑关系，它们共同构建了完整的、以学生为中心的学习体验。同时，这些要素之间的逻辑关系形成了一个闭环，从提出问题，到学生中心的探索，再到跨学科学习、团队合作、周期研究、公开展示成果，最后到反思与评价，构建了完整、有深度的学习体验。

首先，一切始于真实世界的问题或挑战。这是项目化学习的出发点和核心，因为它激发了学生的好奇心和求知欲。为了解决这个问题，学生必须积极参与，这使得学习过程变得以学生为中心。

然后，真实世界的问题往往不是孤立的，涉及多个领域的知识，因此项目化学习鼓励跨学科学习，让学生能够综合运用不同学科的知识和技能。在这个过程中，团队合作成了一个重要的要素。学生们通常会分成小组，共同研究和探索解决方案。在团队合作中，每个学生都可以发挥自己的专长和表达自己的看法，同时学会如何与他人合作、沟通和解决团队内部的冲突。

为了确保学生能够深入研究和探索问题，项目化学习通常要求他们进行周期研究。这不仅有助于深入理解问题，还可以培养学生的持久和深入学习的习惯。

当学生完成他们的研究和探索后，他们会对外公开展示成果。这是一个验证学习效果和积累经验的过程，同时是一个让学生学会如何向公众呈现成果、和公众交流的机会。

最后，反思与评价是项目化学习的收尾阶段。通过反思，学生可以总结自己的学习经验，认识到自己的长处和需要改进的地方；而评价则可以帮助他们了解自己的表现和收获，为未来的学习和生活积累宝贵的经验。

四、信息科技新课标与项目化学习的深度融合

信息科技新课标与项目化学习在教学理念上展现出高度的契合性，特别是在"做中学""用中学"和"创中学"这三大核心理念上。这种契合为学生在实际操作中提供了更深入、更具实践性的学习体验，也更符合现代教育的要求。

在"做中学"的理念中，信息科技新课标明确提出学生应通过真实的操作场景来获得知识，这与项目化学习的本质高度相似。因为在项目化学习中，学生需要亲身参与项目的各个阶段，从设计到实施，从中直观地理解和掌握相关知识。这样的学习方式不仅提高了吸收知识的效率，还使学生在实际操作中培养了独立思考和解决问题的能力。

当谈到"用中学"时，信息科技新课标强调学生应能将所学知识应用于实际问题的解决，这同项目化学习对知识应用的重视是一致的。在项目化学习的实践中，学生必须将所学的理论知识应用于真实情境，从而加深对知识的理解，并培养其解决实际问题的能力。

而在"创中学"的部分，信息科技新课标鼓励学生在学习过程中展现出创新精神，这与项目化学习的创新要求紧密相连。因为在项目化学习的环境中，学生面临的通常是具有挑战性的实际问题，他们需要创造性地思考，并结合所学知识找到最佳解决方案。

此外，信息科技新课标的实际问题导向和跨学科整合理念也与项目化学习形成了天然的衔接。在项目化学习中，学生常常要涉及多个学科，需要跨界思考，整合各方面的知识来解决问题，这种跨学科的思考方式和学习方法为学生提供了宝贵的知识融合体验。

综合来看，信息科技新课标与项目化学习在教学理念和实践方法上的高度

融合为学生提供了一个既深入又广泛的学习平台。这不仅有助于培养学生的实际操作技能、创新能力，还能帮助他们建立跨学科的知识体系，为未来的发展奠定坚实的基础。

第四节　项目化学习的价值与意义

人们通常认为，项目化学习处理的是和"做"有关的知识，主要是程序性知识，这是一个误解。在 21 世纪技能和素养的导向下，当前国际上倡导项目化学习的主要学者或研究团队，如斯坦福大学的琳达·达林·哈蒙德、学习科学领域的约瑟夫·S. 克拉斯克、巴克教育研究所等，更强调学生对知识的深度理解，使学生在做事过程中形成专家思维，引发跨情境的迁移[①]。这是项目化学习的意义，是其他教学模式无法达到的。

一、培养综合问题解决能力

在信息科技不断迭代更新的时代，培养学生的综合能力已经成为教育的当务之急。项目化学习作为一种创新的教学模式，为培养学生的问题解决能力和创新思维提供了独特的平台与机会。

（一）问题解决能力的培养

项目化学习强调学生在实际项目中面对各种问题，并通过合理的分析和解决方案来解决问题，这里的真实情境并非仅指现实生活中发生的事件，而是指真实运用所学知识的能力和复杂情境中的真实思维[②]。这种实践中的问题解决过程远比单纯的课堂知识传授更能培养学生的实际应用能力。学生在解决问题的过程中，需要收集信息、分析数据、寻找解决方案，然后进行实际操作，从而锻炼了综合能力和自主解决问题的能力。

例如，学生在设计一个物联网智能家居控制系统项目时需要考虑到不同家

---

① 夏雪梅. 从设计教学法到项目化学习：百年变迁重蹈覆辙还是涅槃重生？[J]. 中国教育学刊，2019（4）：57－62.

② 夏雪梅. 项目化学习设计：学习素养视角下的国际与本土实践 [M]. 北京：教育科学出版社，2018：11.

庭成员的需求、各种设备的互联，以及能源的合理利用等问题。通过这个项目，学生不仅需要学习技术知识，还需要跨学科地思考，分析问题并找到最佳的解决方法，从而培养综合能力。

（二）创新思维的培养

项目化学习强调学生在实际项目中寻找创新解决方案，从而培养他们的创新思维能力。在项目的设计、实施和完善过程中，学生会不断地面对新情境和新挑战，需要提出新的想法和创意来解决问题。这种实践中的创新过程让学生在实际应用中体验到创新的乐趣，从而激发了他们的创造力和创新意识。

例如，在一个人工智能图像识别项目中，学生可能需要思考如何提高图像识别的准确性、如何应对不同环境下的变化等。通过思考这些问题，学生可能会提出一些独特的方法或算法，从而培养了创新思维。

综合能力的培养不是单一技能的训练，而是一种综合性的能力培养，包括分析问题、整合资源、提出创新性解决方案等多个层面。项目化学习通过让学生置身于实际问题中，为他们提供了锻炼这些能力的机会，使其在解决问题和创新思考中不断成长和进步。这种综合能力的培养正是项目化学习在信息科技教育中的重要价值之一。

二、促进深度学习的发生

传统教学模式往往注重知识的广度，强调尽量涵盖更多的内容，但往往忽略了知识的深度。而项目化学习则提供了一个促进深度学习的有效途径，既能拓展知识的广度，又能深入挖掘知识的深度，使学生能够真正理解和应用所学内容。

（一）知识的广度与深度并重

在项目化学习中，学生不是被动地接受知识，而是通过实际的项目实践来深入理解和掌握知识。他们在项目中需要将所学的知识应用到对实际问题的分析、解决中，从而得到更深层次的理解。与传统教学模式相比，这种实际应用的过程使学生能够深入思考知识的本质和内涵，从而促进了深度学习。

例如，在一个创客项目中，学生可能需要设计并制作一个机械装置。在这个过程中，他们需要理解物理学、机械工程等多个领域的知识，然后将这些知识应用到实际的设计和制作中。通过这个过程，学生不仅对知识进行了应用，还深入了解了这些知识背后的原理和机制。

（二）培养综合能力

项目化学习不仅注重知识的深度，还能够培养学生的综合能力。在实际项目中，学生需要从不同领域的知识中筛选出适用的部分，然后进行整合和应用。这种综合性的操作使学生不再停留在单一知识点的层面，而是能够将多个领域的知识相互关联，形成更为全面的认识。

（三）培养批判性思维

项目化学习还能够培养学生的批判性思维。在项目的实践中，学生需要对问题进行分析、评估不同的解决方案，并进行判断和选择。这种批判性思维的训练使学生能够从不同的角度来看待问题，形成自己的判断和观点，培养了他们独立思考的能力。

总之，项目化学习通过将知识的广度与深度相结合，使学生在实际项目中进行深度学习，同时理解和应用所学内容。这种综合性的学习方式不仅能够培养学生的综合能力，还能够锻炼他们的批判性思维和独立思考能力。这种知识广度与深度并重的教学模式正是项目化学习在信息科技教育中的价值所在。

三、激发学习动机

项目化学习在提升学习动机方面具有显著优势。它能够通过激发学生的自主性和合作性使学生更加积极主动地参与学习，从而增强他们的学习动机和兴趣。

（一）激发自主性

在传统教学模式中，学生往往是被动地接受知识；而在项目化学习中，学生则处于学习的主动地位。他们可以在一定的框架内自行选择项目主题、制定学习目标、设计解决方案，这种自主性的学习过程能够满足学生的个性化需求，使他们更具有主人翁意识。

例如，在一个信息科技的创新项目中，学生可以选择自己感兴趣的主题，比如设计一个智能家居系统。他们可以自主地进行需求分析、方案设计、实验实施等一系列操作，这种自主性的学习过程使学生更加投入，激发了他们对项目的浓厚兴趣。

(二) 激发合作性

项目化学习注重学生之间的合作与协作。在实际项目中，学生需要在团队中分工合作、共同解决问题，这种合作型的学习过程能够促进他们的互动和交流，增强他们的合作能力。

例如，在一个物联网的项目中，学生需要合作设计一个智能环境监测系统。他们可以分工负责不同的模块，如传感器，采集、数据传输、系统控制等。通过团队合作，学生能够学会协调分工、沟通合作，锻炼了团队合作能力。

(三) 尊重个体差异

项目化学习允许学生在项目中发挥自己的特长和优势。每个学生的兴趣和能力都有所不同，项目化学习能够充分尊重学生的个体差异，使他们能够在合作中发挥各自的优势，从而增强了他们的自信心和满足感。

四、知识与技能在真实情境中的应用

项目化学习强调将知识与技能应用于实际情境中，使学生能够在真实的项目中运用所学内容，从而更好地理解和掌握知识，培养实际问题的解决能力。

(一) 知识的应用

在项目化学习中，学生将学到的知识运用于实际项目中，将抽象的知识转化为实际操作。例如，在一个创客项目中，学生学习了关于传感器的原理和数据采集的知识，然后应用这些知识来设计并制作一个智能温度监测系统。通过实际操作，学生能够更加深刻地理解传感器的工作原理，并且掌握将其应用于实际情境中的方法。

(二) 技能的应用

项目化学习强调培养学生的实际技能，使他们能够运用技能解决实际问题。例如，在一个物联网的项目中，学生学习了编程技能，然后运用这些技能编写程序控制传感器，采集数据并发送到云平台。通过实际操作，学生不仅掌握了编程技能，还将这些技能应用于实际的物联网系统中，从而将抽象的编程知识转化为实际的应用能力。

（三）实际情境的复杂性

实际项目中往往存在着各种复杂性和不确定性。学生需要综合运用多个领域的知识和技能来解决问题，从而培养了综合运用能力。例如，在一个人工智能项目中，学生需要运用数学、编程、算法等多个领域的知识和技能来设计一个智能推荐系统。这种综合性的应用使学生更好地理解知识的联系，培养了他们的跨学科能力。

（四）问题解决能力的培养

通过在实际项目中解决问题，能够培养学生的问题解决能力。他们需要面对各种实际情境中的挑战和难题，从而锻炼了他们的分析、判断、决策等能力。例如，在一个创客项目中，学生遇到了传感器数据异常的问题，他们需要分析问题的原因、寻找解决方法，并进行调试和优化。通过这个过程，学生不仅解决了实际问题，还培养了问题解决能力和收获了实践经验。

第三章　学科核心素养与项目化学习

真正的学问不仅是知识，要从做人做事上体会。

——南怀瑾

图 3 – 1　核心素养育人目标体系

当我们谈论教育和学习的现代转型，项目化学习和学科核心素养是两个不可或缺的要素。项目化学习通过真实世界的任务为学生提供了实际应用知识的机会，让他们不仅是知识的接受者，还是探索者和创作者。与此同时，学科核心素养作为知识和技能的基石，确保学生具备成功完成项目的能力。这一章将探讨学科核心素养如何助力项目化学习，如何使学生不仅掌握学科内容，还能够深入理解其内涵，并在实际操作中加以应用。我们将通过实际案例，揭示这两者是如何相辅相成，为学生的全面发展提供支持的。

第一节　学科核心素养的本质与价值

进入 21 世纪的信息化时代后，我们越来越意识到，传统的知识型教育不再能满足未来社会的需求。我们不仅需要具备扎实的知识基础，还要具备综合性的素养，能够将知识付诸实践。布鲁姆的认知目标分类给我们提供了一个框架：从知识、理解到应用，再到分析、评估和创造，学习是一个连续的、多层次的过程。

邵朝友等将核心素养定义为"通过学习某学科的知识与技能，思想与方法而习得的重要观念、关键能力与必备品格"[1]。曹培英认为"所谓学科核心素养，粗略地说指凸显学科本质，具有独特的重要育人价值的素养"[2]。新课标也对核心素养进行了界定：核心素养是课程育人的集中体现，是学生通过课程学习逐步形成的正确价值观、必备品格和关键能力。它主要包括信息意识、计算思维、数字化学习与创新、信息社会责任四个方面。这四个方面互相支持、互相渗透，共同促进学生数字素养与技能的提升[3]。

一、从知识到素养：知识的边界和深度

传统的信息技术教育常常聚焦于技术层面，核心目标是确保学生能够掌握特定的技术工具和编程语言。例如，一个典型的教学模块可能会包括如何在 Python 中使用循环、条件判断、函数等基础编程概念。学生在此基础上可能会被指导去创建基本的程序，如一个简单的计算器或者小型的数据管理系统。

在这种教育模式下，衡量成功的标准很直接：学生是否能够正确编写代码并实现指定的功能。这种方式可以确保学生掌握了所学的技能，但它也可能导致学生在现实世界的复杂场景中感到困惑和不知所措。

假设，学生被布置一个新的项目：利用现有的市场数据预测未来的销售趋

---

① 邵朝友，周文叶，崔允漷. 基于核心素养的课程标准研制：国际经验与启示 [J]. 全球教育展望，2015（8）：14－22，30.

② 曹培英. 从学科核心素养与学科育人价值看数学基本思想 [J]. 课程·教材·教法，2015，35（9）：40－43，48.

③ 熊璋，赵健，陆海丰，等. 义务教育阶段信息科技课程的时代性与科学性：《义务教育信息科技课程标准（2022 年版）》解读 [J]. 教师教育学报，2022，9（4）：63－69.

势。尽管他们可以熟练地使用 Python 进行数据清理和处理，但当涉及如何选择合适的分析模型、如何解释数据中的隐藏模式，以及如何将这些模式与现实世界中的因素相结合时，单纯的编程知识和技能可能就不够用了。

骑自行车是一个很好的模型（见图 3 - 2），可用于揭示知识、技能和素养三者间的差异与联系。

图 3 - 2　知识、技能和素养

（1）知识。

知识，就像我们对自行车构造的了解。我们知道自行车有车把、座椅、脚踏、链条和轮胎，每个部件都有其特定的功能。我们知道如何维修链条，知道轮胎需要定期充气，了解为什么不同的地形和天气会影响骑行的方式。我们可以通过阅读或听讲来学习这些基础的知识。

（2）技能。

技能是我们将知识转化为实际操作的能力。我们可能已经知道如何修复链条，但第一次真正去做可能会遇到困难。经过实践，我们学会如何平衡身体，如何调整速度，如何在上坡和下坡时骑行。这些技能是我们在实践、失败、再试、再失败后再试的循环中获得的。

（3）素养。

我们考虑一下复杂的都市环境。这不仅仅是关于如何骑车，这里涉及的是对环境的敏感性、预测未来的能力和与他人的交往能力。

（4）预测性。

在繁忙的交通中骑车时，我们需要预测突然从停车位出来的车辆的行驶方向，或是行人是否可能突然穿过马路。

（5）沟通与合作。

我们与其他骑行者、行人和汽车驾驶员之间需要有默契，即使没有言语，也可以通过眼神、手势或其他方式来沟通。

（6）风险管理。

在湿滑的道路上或者在视野不好的情况下骑行，我们需要有风险识别和管理的能力。

因此，当我们说到骑自行车的素养时，实际上是指一种深入到骨髓的能力，让我们不仅可以骑车，而且可以在各种环境和情境中高效、安全地骑车。这种素养需要时间、经验和深入的反思来培养，它超越了单纯的知识和技能，是对所学内容的深化和提炼。

二、信息科技学科核心素养

学科核心素养体系内的学科基础知识和学科基本技能不是"知识本位"学科教学观下脱离具体情境的、依靠学生死记硬背和机械操练的应试内容，而是在"知识构建"教学观指导下来源生活并最终回归生活的学科学力基本构成要素①。它是一个综合性的表述，详细描述了学生在特定学科领域中的知识掌握、技能运用、态度形成和价值观培育，以及他们面对问题和挑战时的应对策略。学科素养远超出了单纯的知识储备，它更强调学生对学科内涵的深度把握和在实际场景中的应用能力。信息科技学科核心素养如图 3-3 所示：

图 3-3　信息科技学科核心素养

---

① 梁砾文，王雪梅. 学科核心素养的内涵及培养模式［J］. 外国中小学教育，2017（2）：61-67.

信息科技学科核心素养主要包括信息意识、计算思维、数字化学习与创新意识、信息社会责任。这四个方面互相支持、互相渗透，共同促进学生数字素养与技能的提升。

（一）信息意识

信息意识是指个体对信息的敏感度和对信息价值的判断力。具备信息意识的学生具有一定的信息感知力，熟悉信息及其呈现与传递方式，善于利用信息科技交流和分享信息、开展协同创新，能根据解决问题的需要评估数据来源，判断数据的可靠性和时效性，具有较强的数据安全意识；具有寻找有效数字平台与资源解决问题的意愿，能合理利用信息真诚友善地进行表达；崇尚科学精神、原创精神，具有将创新理念融入自身学习、生活的意识；具有自主解决问题、掌握核心技术的意识；能有意识地保护个人及他人隐私，依据法律法规合理应用信息，具有尊法、学法、守法、用法意识。

（二）计算思维

计算思维是指个体运用计算机科学领域的思想方法在问题解决过程中涉及的抽象、分解、建模、算法设计等思维活动。具备计算思维的学生能对问题进行抽象、分解、建模，并通过算法设计形成解决方案；能尝试模拟、仿真、验证解决问题的过程，反思、优化解决问题的方案，并将其迁移应用于解决其他问题。

（三）数字化学习与创新意识

数字化学习与创新意识是指个体在日常学习和生活中通过选用合适的数字设备、平台和资源，有效地管理学习过程与学习资源，开展探究性学习，创造性地解决问题。具备数字化学习与创新意识的学生能认识到原始创新对国家可持续发展的重要性，养成利用信息科技开展数字化学习与交流的行为习惯；能根据学习需求，利用信息科技获取、加工、管理、评价、交流学习资源，开展自主学习和合作探究；在日常学习与生活中具有创新创造活力，能积极主动运用信息科技高效地解决问题，并进行创新活动。

（四）信息社会责任

信息社会责任是指个体在信息社会中的文化修养、道德规范和行为自律等方面应承担的责任。具备信息社会责任的学生能理解信息科技给人们学习、生活和工作带来的各种影响，具有自我保护的意识和能力；乐于帮助他人开展信息活动，负责任地共享信息和资源，尊重他人的知识产权；能理解网络空间是人们活动空间的有机组成部分，遵照网络法律法规和伦理道德规范使用互联网；能认识到网络空间秩序的重要性，知道自主可控技术对国家安全的重要意义；能自觉遵守信息科技领域的价值观念、道德责任和行为准则，形成良好的信息道德品质，不断增强信息社会责任感①。

表 3-1 展示了在以"使用互联网介绍我的家乡"为主题的七年级课程项目中具备核心素养和不具备核心素养的学生之间可能存在的差异。

表 3-1　具备核心素养和不具备核心素养的学生的差异

核心素养	具备核心素养	不具备核心素养
信息意识	能有效地从互联网收集关于家乡的资料；判断信息的可靠性和时效性	盲目接收网络上的所有资料，无法判断其可靠性
计算思维	利用适当的工具或平台，如 PPT 或网页制作工具，创新性地展示家乡信息	仅复制粘贴信息，无法作出创意展示
数字化学习与创新意识	主动探索数字工具的多种功能，如利用互动地图、视频等多媒体资源呈现家乡特色	仅使用基础的文字描述，没有多媒体辅助
信息社会责任	尊重原始资料的知识产权，注明来源；妥善处理网络隐私和安全问题	直接复制内容，未注明来源；可能泄露过多的个人或家乡隐私

我们可以看到，具备核心素养的学生在使用互联网介绍家乡时，不仅能够展现出家乡的独特魅力，而且会利用跨学科的知识和技术手段，创造性地完成项目，展现出较强的综合能力和创新思维。

三、学科核心素养的重要性

国际教育研究组织"课程重建中心"（Center for Curriculum Redesign，CCR）主任法德尔（C. Fadel）主张，在"21 世纪型能力"的培养中必须重视

---

① 中华人民共和国教育部. 义务教育信息科技课程标准（2022 年版）[M]. 北京：北京师范大学出版社，2022.

四个维度，即不仅重视知识，而且必须重视知识同其他三个维度——技能（Skills）、人性（Character）、元学习（Meta-Learning）的关联①。

在信息化、全球化快速演进的 21 世纪，我们迎来了一个知识爆炸的时代，这是一个对个体综合能力的要求日益严格的时代。在这样的背景下，学科核心素养呈现出其深远的重要性和价值，它不局限于知识的积累，而是对知识的深度认知与应用。

首先，深度认知与应用能力是学科核心素养的核心内容。当学生在做"使用互联网介绍我的家乡"这一任务时，并非简单地从网上搜集一些资料，然后做一个介绍。这是一个对学生筛选、评估、整合和呈现信息能力的综合考验。具备学科核心素养的学生能够对这些信息进行更深入的挖掘，他们不会只满足于表面的信息，而是会去追寻家乡背后丰富的历史、文化和社会脉络。

其次，学科核心素养的另一重要特点是跨学科整合与创新，这也正是"使用互联网介绍我的家乡"这个任务所需要的。一座城市或一个乡村的介绍涉及地理、历史、社会经济等多个层面。学生需要有能力整合这些看似不相关的知识，为听众提供一个立体、完整的画面。这种跨学科的思维方式为学生开拓了新的认知维度，让他们更好地理解世界的复杂性。

再次，信息的真实性与可靠性在互联网时代显得尤为重要。学科核心素养强调学生的批判性思维，使其具有筛选和评估网络信息的能力。介绍家乡这一任务也是对这一能力的考验。学生在面对众多矛盾的信息时，需要有判断力，知道哪些是可靠的、哪些可能是带有偏见或误导性的。

最后，学科核心素养也带给学生一种社会责任感。当他们在介绍自己的家乡时，可能会遭遇一些敏感或有争议性的话题。这时，他们需要在传达事实的同时，展现出对这些话题的中立和公正态度。

学科核心素养不仅关乎学生的个人发展，还关乎整个社会、文化和经济的发展和繁荣。其培养不仅为学生的未来奠定了坚实的基础，也为社会的持续创新和进步提供了强大的动力。因此，对学科核心素养的重视与培养是每位教师、学者和决策者都应当努力追求的目标。

---

① 菲德尔，比亚利克，特里林. 四个维度的教育：学习者迈向成功的必备素养 [M]. 罗德红，译. 上海：华东师范大学出版社，2016：7.

四、中国学生发展核心素养

2014 年教育部印发《关于全面深化课程改革落实立德树人根本任务的意见》，提出"教育部将组织研究提出各学段学生发展核心素养体系，明确学生应具备的适应终身发展和社会发展需要的必备品格和关键能力"。

2016 年 9 月，教育部公布了《中国学生发展核心素养》，以培养"全面发展的人"为核心，该核心素养分为文化基础、自主发展、社会参与三个方面，综合表现为人文底蕴、科学精神、学会学习、健康生活、责任担当、实践创新六大素养（见图 3-4），具体细化为国家认同等 18 个基本要点。各素养之间互相联系、互相补充、互相促进，在不同情境中整体发挥作用①。为方便实践应用，将六大素养进一步细化为 18 个基本要点，并对其主要表现进行了描述。根据这一总体框架，我们可针对学生年龄特点进一步提出各学段学生的具体表现要求（见表 3-2）。

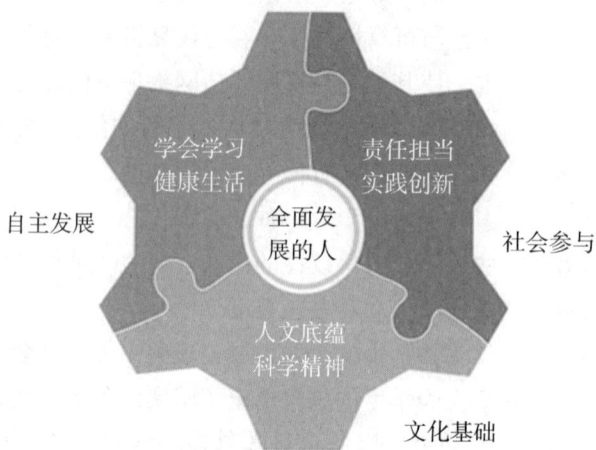

图 3-4　中国学生发展核心素养

---

① 人民日报.《中国学生发展核心素养》发布［J］. 上海教育科研, 2016（10）: 85.

表3-2　中国学生发展核心素养的三个方面六大素养

大项类别	子类别	描述及重点
文化基础	人文底蕴	主要是学生在学习、理解、运用人文领域知识和技能等方面所形成的基本能力、情感态度和价值取向。具体包括人文积淀、人文情怀和审美情趣等基本要点。
	科学精神	主要是学生在学习、理解、运用科学知识和技能等方面所形成的价值标准、思维方式和行为表现。具体包括理性思维、批判质疑、勇于探究等基本要点。
自主发展	学会学习	主要是学生在学习意识形成、学习方式方法选择、学习进程评估调控等方面的综合表现。具体包括乐学善学、勤于反思、信息意识等基本要点。
	健康生活	主要是学生在认识自我、发展身心、规划人生等方面的综合表现。具体包括珍爱生命、健全人格、自我管理等基本要点。
社会参与	责任担当	主要是学生在处理与社会、国家、国际等关系方面所形成的情感态度、价值取向和行为方式。具体包括社会责任、国家认同、国际理解等基本要点。
	实践创新	主要是学生在日常活动、问题解决、适应挑战等方面所形成的实践能力、创新意识和行为表现。具体包括劳动意识、问题解决、技术应用等基本要点。

中国学生发展核心素养的提出标志着基础教育的深度革新。它反映了教育领域对于更加注重学生的全面发展、培养其适应 21 世纪社会的综合能力的追求。

（一）全面人格发展和综合能力的培养

核心素养提倡的不仅仅是学科知识的掌握。相对于传统教育，核心素养教育更加注重对学生情感、态度、价值观等方面的培育。这意味着教育不再是单纯的知识传输，而是要帮助学生形成积极健康的情感态度，培养其对社会、自然、文化的正确认识，从而使其发展成为有责任、有担当、有思想的公民。此外，综合能力的培养成为教育的重要内容。学生不仅要学习知识，还要具备解决问题、批判性思维、团队协作、创新等能力。这些能力在未来的生活和工作中将变得尤为关键。

（二）教育理念的更新与课程设置的调整

核心素养的提出进一步推动了从应试教育向素质教育的转变。这种转变意味着学校和教师需要放弃"填鸭式"教学，而要根据学生的实际情况进行有针对性的教学，以激发学生的学习兴趣和潜能。因此，课程设置也随之发生调整。实践活动、团队项目和跨学科的学习将更加频繁地出现在学生的学习生活中，以确保学生在真实的环境中应用知识，培养其实践能力。

（三）教育评价的改革与教师角色的转变

为了更好地评估学生的核心素养，教育评价体系也需要进行改革。单纯的知识测试已不能满足教育的需求，对学生的综合能力、实践能力和情感态度的评价变得尤为重要。与此同时，教师的角色也发生了变化。在核心素养教育中，教师不再仅是知识的传授者，而是要成为学生学习的引导者和合作伙伴，与学生共同探索、研究、创新。

中国学生发展核心素养的提出为基础教育带来了深刻的变革，这不仅是教育方法和内容的变化，还是对教育目的和价值观的深入思考和重新定义，为2022 年新课标的颁布奠定了良好的基础。

第二节　学科核心素养的建构与培养

学科核心素养是指学生通过对某学科的学习而逐步形成的关键能力、必备品格与价值观念。它不可能凭空形成，学科知识与学科活动是学科核心素养形成的两翼，学科知识是学科核心素养形成的主要载体，学科活动是学科核心素养形成的主要路径[1]。随着新课标的推进，学科核心素养正在成为基础教育课程教学改革向纵深推进的顶层理念和指导方向。作为对三维课程教学目标的凝聚和整合，学科核心素养一定具有独特的发展机制和培育路径[2]。

---

[1] 余文森. 论学科核心素养形成的机制 [J]. 课程·教材·教法，2018，38（1）：4 – 11.
[2] 李松林. 学科核心素养的发展机制与培育路径 [J]. 课程·教材·教法，2018，38（3）：31 – 36.

一、学用合一：问题解决教学方法

在过去，我们常常采用先学后用的教学方法，这种学用分离的方式导致学生虽然学到了知识，但在实际应用中常常束手无策。学科核心素养的培育则要求我们改变这一传统思维，采用问题解决教学方法，以"体验—反思"为导向。这样的教学方法不仅能够使学生掌握理论知识，还能够将知识运用于实际生活中，尤其是在解决各种实际问题的场景中。

问题解决教学方法特别强调实际背景的引入。与传统教学模式不同，它常常采用真实或模拟的情境作为学习背景，确保学生可以在真实环境中应用其所学的知识和技能。在这种环境下，学生们被鼓励主动学习，自行探索、实践和创新，这不仅培养了他们的探究精神，还增强了他们的实践能力。通过这样的方法，学生可以深化对知识的理解，而不是简单地机械记忆。

在此基础上，问题解决教学方法进一步发展学生的实际技能。学生不仅仅学习知识，而且学会将知识应用于实际问题中，这在他们未来的生活和工作中都有着不可估量的价值。特别是在面对真实世界的问题时，跨学科的学习十分必要，这样可以鼓励学生从多个学科的角度进行思考，从而培养他们的综合素质。

此外，问题解决的实际操作常常需要团队合作，可以提升学生的合作与交流能力。在这个过程中，学生不可避免地会遇到失败或错误，但这同样为他们提供了宝贵的反馈与修正的机会，这种经验对于培养他们未来的适应性和韧性都是十分有益的。

以七年级的"互联网应用与创新"模块为例，学生需要了解互联网的基本工作原理、常见的应用和一些创新的实例。传统的教学方法可能仅仅让学生记忆这些知识。但在学用合一的理念指导下，教师可以设计一些真实或模拟的情境，如如何为学校"星火创客"社团设计一个集作品展示、交流、评价等功能于一体的空间。

设计一个多功能学校社团空间是一个融合创意与实用性的综合过程。这一过程始于与社团成员的深入沟通，以明确设计的核心需求和目标，确保空间能够满足成员的期望并促进社团活动的高效进行。接着，通过资料搜集和创意发挥，结合社团特色，构思出既创新又实用的设计方案。在方案设计阶段，绘制布局图和草图，精心选择空间的尺寸、布局、色彩和材料，同时整合技术设备以增强互动性和功能性。设计完成后，通过原型制作和用户测试，收集反馈并优化方案。最终，制订详细的实施计划，监督施工质量，并在空间投入使用后，根据使用者的持续反馈进行改进，确保空间始终满足社团成员的需求。这一过程不仅促进了学生的全面发展，也培养了他们的团队协作和问题解决能力。

这个项目的设计始终强调学生的主动参与和创新思维，教师和社团指导者在此过程中提供必要的指导和支持，帮助学生克服设计过程中遇到的困难，培养学生的问题解决能力和团队协作精神。通过这种学用合一、以学生为中心的设计方法，不仅能够创造出一个功能齐全、美观实用的社团空间，还能够促进学生的全面发展。

总的来说，学用合一的教学理念和问题解决教学方法为学生提供了一个更加实际、生动的学习环境，使他们不仅学到了知识，还学会了如何在真实世界中应用这些知识，这无疑为他们的未来打下了坚实的基础。

二、整体生成：核心统整教学

学科核心素养不仅是经验、知识、技能、能力和品格等各种素养成分交互整合的产物，而且本身就是各种经验、知识、技能、能力和品格在问题解决过程中的整合性运用[①]。这种教学方法不仅能传授知识，还旨在促进学生对知识的深度理解，鼓励他们从更广泛的视角看待问题。

核心统整教学是对传统分割教学方法的一种全新诠释，它鼓励学生采用整体视角、从全局的角度看待和理解知识。这种方法强调不同知识点之间的联系和互动，而不仅仅是对单一知识点进行孤立学习。此外，核心统整教学也强调跨学科的连接，它鼓励学生跨越学科边界，看到各学科之间的内在联系，从而更加全面地掌握和理解知识。

在教学实践中，核心统整教学尤其强调实际情境的融入，即将所学知识与真实或模拟的实际情境相结合。这种做法使得学生能够在真实的环境中应用所学知识，从而加深他们对知识的理解。与此同时，该方法也鼓励主题式学习，即围绕一个主题中心进行深入的学习和探讨，让学生从多个角度和多个学科研究和理解这一主题。

---

① 李松林. 学科核心素养的发展机制与培育路径［J］. 课程·教材·教法，2018，38（3）：31－36.

核心统整教学不仅关于知识的传授，还关于技能和态度的培养。这种教学方法强调整体性和深度，从而促进学生的批判性思维发展，培养他们对知识进行分析、评估和批判的能力。为了实现这一目标，学生在学习过程中通常需要加强与他人的合作与交流，如参与团队项目、讨论或研究，这不仅有助于知识的交流，还可以培养他们的团队合作能力。

最后，由于核心统整教学往往与学生的兴趣和生活经验紧密相关，因此学生在这种教学方法下通常会更有学习的动机和兴趣，这对于激发学生的学习热情和提升学习效果具有积极的意义。

三、深度建构：高阶思维教学

学科核心素养的培养不只是学生学习过程中的质量保障，还直接决定了学生学习成果的深度和广度。为了有效地提升这一核心素养，问题解决教学法显得尤为关键，因为它能够引导学生进行更为深入的知识建构。

在学科教学中，学生的深度建构主要涉及两大方面：

其一，学生的学习流程变得更加深入和系统。具体来说，这意味着教师需要引导学生进行持续且深入的独立探索。其关键在于突破对学科的表面认识，让学生从多个维度，如更为深入的反思和批判、更为宏观的整体和辩证分析，以及更为实际的实践和创新视角去发展高阶思维。具体到实践，教师可以引导学生采用提问的方式，如反问、追问和质疑，以培养他们的反思和批判思维。对于整体和辩证思维，教师可以引导学生从宏观的视角去认识事物的发展和变化。而对于实践和创新思维，教师则可以通过设计真实和开放性强的问题，激励学生在解决问题的过程中进行实践和创新。

其二，学生获得的知识应更具深度和质感。这要求教师不仅传授知识，还要引导学生从知识的生成和来源、事物的基本特性和固有规律、学科特定的方法和理念、知识所蕴含的价值和意义，以及知识间的互相关联和层级结构这五个维度去探索学科的核心和知识的真谛。例如，当教授乘法的概念时，教师不仅要告诉学生这是一个计算工具，还要让他们了解其背后的数学逻辑和历史发展；在探讨物态转化时，学生不应只了解各种转化的形式，还应深入探究其中的物理和化学规律。

学科核心素养的培育远非一个简单的知识传授过程，而是一个多维度、高度互动的探索和建构过程，需要教师和学生共同参与、共同创新。

四、打破界限：培养全面的学科素养

在传统教育观念里，各学科界线清晰，每个领域相对独立。但由于当今社会的多元化与复杂性，许多真实场景中的挑战往往要求我们综合多学科的智慧进行应对。因此，学生具备全面的学科素养、懂得如何跨领域应用知识，显得尤为重要。

跨学科的学习不只是简单地融合多个领域的知识，还在于运用这些知识去应对真实世界的问题。以智慧城市为例，设计和建设一个智慧城市不仅是信息科技的任务，还融合了都市规划、生态学、社会学、经济学等多个学科的知识。学生在学习利用物联网技术收集城市数据时，还需要了解都市规划的原则，学会评估城市的生态足迹，以及解读数据对社会经济的影响。

再比如，在开发一个健康监测的移动应用时，学生除了需要掌握编程和用户界面设计，还需了解一些基础的医学、健康心理学知识，甚至法律法规，以确保应用的准确性和合规性。

这种跨学科的学习方法要求学生不仅要掌握高超的技术技能，还需要有广泛的知识储备和强大的应用能力。在这种教育模式下，学生在解决实际问题时会更加全面，更能够从宏观和微观的角度思考。

而在这样的学习过程中，团队合作尤为关键。学生需要与不同学科背景的同伴合作，互补知识，共同探讨和解决问题。这种方式不仅提高了学生的沟通和团队合作能力，还促进了他们对不同学科的理解。

此外，跨学科的学习为学生打开了国际视野的窗口，帮助他们更好地适应和应对全球化背景下的各种变革和挑战。这种学习方式鼓励学生从各个角度观察问题，激发他们的创新思维，促使他们去探寻更多可能的解决方案。摒弃学科固有的框架，鼓励学生勇于尝试和探索，无疑能够激发他们的好奇心、探索欲，也能更好地为他们今后在各个领域里的成长和应对所遇到的挑战做好准备。

第三节　学科核心素养培养的阻力与突破

一、素养评估的挑战

对素养的评估是当代教育改革的重要课题。在我国的传统教育体制中，笔试分数往往被视为评价学生学习成果的标准。然而，素养涉及的是一种更加深入、综合的能力，这种能力并不容易通过传统的笔试来得到全面评价。

考试的分数往往被看作学生学习成功与否的指标，但学生的创新能力、批判性思维、团队协作和问题解决能力等其他关键素养常被忽视。为了更全面地评价学生的素养，近几年很多地区和学校开始尝试各种创新的评估方法。

相比传统教学模式，项目式学习拥有先天的价值和优势，这一点也在不断被认识、认可、发掘。在政策层面，项目式学习正成为培养学生学科素养的重要抓手。如 2019 年《国务院办公厅关于新时代推进普通高中育人方式改革的指导意见》[①] 提出注重"项目设计"等跨学科综合性教学，同年中共中央、国务院印发《关于深化教育教学改革全面提高义务教育质量的意见》，提出开展"项目化学习"。2020 年年末，上海市教育委员会宣布正式启动"义务教育项目化学习三年行动计划"。上海作为教育改革的风向标城市，这一举措极有可能释放了一个重要信号，并将加快其他地区的推进步伐。而且，在实践层面，已有很多区域和学校尝试以项目式学习为变革抓手，激发办学活力。

再以一个具体的项目为例：当学生们决定探究校园内的空气质量问题时，他们不仅要学习相关的科学知识，还需掌握使用传感器测量空气质量的技能，分析数据，与教师和同伴进行有效沟通，甚至提出切实可行的解决方案。这一过程不仅锻炼了学生的科研能力、团队协作能力、沟通技巧和问题解决能力，还促进了他们的批判性思维和创新思维的发展。

项目结束后，学生的成果展示不仅限于他们的研究结论，还包括他们在团队中扮演的角色、面对挑战时的应对策略以及与同伴的互动交流等方面。这种评价方式成功地将"素养"这一抽象概念转化为具体、可量化的学习成果，体现了布鲁姆教育目标分类模型中对高阶思维技能的重视。

---

① 教育部基础教育司. 基础教育重大政策文件汇编（2016—2022）[M]. 北京：人民教育出版社，2022.

对于中小学教育而言，我们亟需进行类似的变革，将教育重心从传统的知识记忆和笔试转移到更加注重学生实际能力、综合素质的评估上来。通过项目化学习，我们能够更全面地评价和培养学生的批判性思维、创新能力、团队合作和沟通技巧等 21 世纪必备技能。

二、学科素养的根本支撑

当今教育体系下，学科素养的培养面临诸多挑战，特别是由传统的课程设计与评价机制带来的制约。为了真正促进学生的跨学科思维与创新能力发展，我们必须对这两个核心环节进行深入的审视与改革。

（一）传统课程设计的局限性与影响

许多现有教育体系中的课程设置过于静态和孤立。它们主要聚焦于传授特定学科的核心知识，却常常忽视学科之间的交互与融合。由于这种狭隘的设计，学生在学习过程中很少有机会探索、体验和应用跨学科知识，进一步导致他们在解决实际问题时缺乏整合和应用多学科知识的能力。例如，当我们讨论物联网技术时，计算机科学、电子工程和通信技术之间的交集和相互作用是不可或缺的，但在传统的课程框架中，这些学科常常是分开教授的。

我们可以通过几个具体的案例来进一步探讨传统课程设计的局限性与影响。

案例 1：历史与地理的分隔

在许多传统的教育体系中，历史和地理被视为两个独立的学科。例如，学生在学习古代埃及历史时，主要关注法老、金字塔和木乃伊，而在地理课上则学习尼罗河流域的地形和气候。这种分离的教学方法导致学生难以理解古代埃及文明是如何受到尼罗河流域特有的地理环境的影响的。

案例 2：数学与艺术的断裂

在很多学校，数学与艺术被视为截然不同的学科。数学重视逻辑和分析，而艺术则看重创意和表达。但是，实际上，两者之间有着密切的联系。例如，许多现代艺术家在创作中采用了几何和数学原理，如 M. C. 埃舍尔的"不可能之图"。但在传统的课程设置中，学生很少有机会探索这两个领域之间的联系。

案例 3：科学与文学的孤岛

在科学课中，学生学习关于 DNA、细胞和生态系统的知识，而在文学课中，他们则阅读和分析小说、诗歌和戏剧。但当现代作家如迈克尔·克莱顿在其小说《侏罗纪公园》中探讨基因工程的道德和伦理问题时，这种分割的课程设计使得学生难以将两者相结合，全面理解作品的深度和内涵。

这些案例反映了当我们在教育体系中强调学科的独立性而忽视它们之间的交叉和互动时，学生很可能会失去一个更加丰富和多维度的学习视角。这不仅限制了他们的学术视野，也影响了他们解决复杂问题的能力发展。

（二）传统评价机制的挑战

大多数学校的评价机制集中在考试成绩上，过于强调学科知识的掌握，而较少关注学生的综合应用能力、团队合作和创新思维等关键能力。这种评价模式不仅导致教育实践中的应试教育倾向，还严重忽略了学科素养在现实世界中的实际应用价值。仅仅通过考试成绩，我们无法全面地评估学生的跨学科思维能力和实际操作能力。

为了解决这些问题，新课标进行了一系列创新性的尝试。在课程设计上，所有学科被要求分配至少 10% 的课时进行跨学科的主题学习。这不仅有助于打破学科之间的固有界限，还能鼓励学生从多维度探索问题，培养他们的综合思考能力。

而在评价机制上，新课标意在跳出传统的框架，更加强调学生的综合素质与实际操作能力。传统的笔试方式逐渐被项目展示、实践报告等多元化评价方式取代，确保学生的全方位发展得到有效的激励与支持。

通过这种深入的改革，我们期望能够为学生提供一个更为全面、实用的学习环境，真正培养他们具备 21 世纪所需的各种关键能力。

三、推进学科核心素养培养的难题与策略

在当前的教育环境中，要全面推进学科素养的培养，我们面临着两大核心挑战：一是如何更新和优化教学方法，确保学生在实际问题解决中真正动手、动脑；二是如何确保学校或学科的整体推进，使得教师团队不再孤军奋战，而是形成协同的教学改革动力。

（一）教学方法的创新：基于项目的学习

基于项目的学习是一个以解决实际问题为中心的教学策略，要求学生在实践中运用知识和技能。传统的教学模式往往以教师为中心，强调知识的传授。然而，这种模式已经不能满足现代社会对人才的综合素质要求，尤其在培养学生的创新思维、团队协作和解决实际问题的能力方面存在明显的短板。与传统的应试教育相比，项目化学习更注重培养学生的创新思维、团队合作和实践能力。

然而，要在实际教学中成功引入项目化学习，学校和教师需要面对一系列挑战。一方面，项目化学习的开展需要足够的时间和空间，因此学校需要在课程设置上进行调整，为学生提供更多的自主探究时间。另一方面，教师需要具备引导学生自主学习、协作和创新的能力，这意味着学校必须为教师提供持续的培训和支持。

（二）学校或学科的整体推进：团队协作与资源共建

在教育改革的浪潮中，单个教师的努力虽然很重要，但往往难以单独产生广泛而深远的影响。教育的本质是跨学科的，真正的学科素养往往源于不同学科间的合作与整合。因此，学校应当倡导以学科组为单位的团队协作，鼓励教师们共享教学资源、策略和经验，以形成教育的合力。这种合作不仅能够显著提升教学效果，还能有效减少重复劳动，提高教学资源的利用效率。

为实现这一目标，学科组应定期组织研讨会、工作坊等活动，以促进教师之间的交流与合作。教师们应分享成功的教学经验、教学资源和教学策略，从而相互启发和学习。同时，学校管理层应提供必要的支持，包括资金、技术资源和专业培训，以帮助教师们共同开发高质量的教学资源。

此外，学科组还应积极探索与其他学科的交叉合作。例如，数学和物理教师可以联合开发关于力学的项目，让学生在实践中深入体验数学模型的实际应用，从而增强学科间的联系和学生的综合理解能力。

只有不断创新教学方法，形成学校和学科组的协同教学改革动力，我们才能真正推进学生的学科素养培养，满足他们在 21 世纪的学习和生活需求。这需要学校领导层的远见和支持，以及教师们的积极参与和创造性思维。

第四节　学科素养与项目化学习的相辅相成

在 21 世纪的教育领域，仅仅积累学科知识已不足以应对时代的发展需求。当前的教育趋势更加强调培养学生的学科素养，尤其是这些素养与现实生活紧密相连。项目化学习正是实现这一目标的有效途径，它通过实际问题解决的过程，促进学生将理论知识与实践技能相结合。

一、项目化学习推动学科素养的全面提升

（一）知识与实际应用的融合

项目化学习的驱动性问题的设计、对大概念的追求、持续探究的过程性、指向核心知识等重要的特征使得它具有很强的包容性。我们既可以说它是一种学习设计，也可以把它看作一种课程设计，指向知识、能力与态度的整合，指向更加灵活与深刻的概念理解[①]。这种教学方式帮助学生跳出被动接受知识的传统模式，鼓励他们主动探索、尝试应用所学的知识，从而更好地理解和掌握知识。

1. 实际问题触发兴趣

项目化学习通常是围绕真实或接近真实的情境来进行的，这种情境让学生感受到学习的紧迫性和实用性，从而更容易引起他们的兴趣和好奇心。面对真实的问题，学生会被激励去深入挖掘相关的学科知识，以求找到最合适的解决方案。这种动力使他们更深入地研究，从而加深对知识的理解。

2. 跨学科的融合

在处理实际问题时，单一学科的知识往往难以满足需求。通过项目化学习，学生学会从多个学科的角度看问题，这种多元的视角使他们更全面地理解问题。为了有效地解决问题，学生通常需要与来自不同学科背景的同学合作，这不仅提升了他们的团队合作能力，也让他们在合作中学会整合各种知识和资源。

3. 注重实践与创新

项目化学习强调"做中学"，鼓励学生通过实际的实践来掌握知识。这种

---

① 夏雪梅. 素养时代的项目化学习如何设计 [J]. 江苏教育, 2019 (22)：7-11.

实践经验使学生更容易记住所学知识，而且更能体会到知识的实用价值。面对真实的问题，传统的解决方案可能并不总是适用。项目化学习鼓励学生勇于尝试、大胆创新，培养他们在未来遇到问题时拥有独立思考、敢于创新的精神。

通过这种方式，项目化学习不仅帮助学生掌握了知识，还培养了他们的应用和创新能力，为他们未来的生活和工作打下了坚实的基础。

（二）培养综合能力

项目化学习所带来的益处不只深入地掌握学科知识，它还为学生打开了一扇窗，让他们有机会展现和磨炼自己的综合能力，让学习成为一种体验，而不是纸上谈兵。

1. 跨学科思维

在面对一个综合性、多面性的问题时，单一学科的思维往往显得捉襟见肘。项目化学习要求学生从多学科的角度去审视问题，这使得他们不仅能看到问题的表面，还能深入其中，发现其背后的多种联系与交互。在将不同学科的知识和技能有效结合的过程中，学生往往能够触发新的思维火花，从而提出一些既实用又具有创新性的解决策略。

2. 批判性和创造性思维

项目化学习不仅要求学生收集信息和知识，还鼓励他们基于这些信息和知识提出自己的观点。这种独立思考的过程帮助他们锻炼和发展批判性思维，学会对已有信息进行筛选、评估和判断。除了批判性思维，项目化学习还鼓励学生发挥创造性，寻找新颖和原创的方法来应对挑战，从而让他们在面对未知和复杂情境时不再惧怕，充满自信。

3. 实践中的锻炼

与简单地依赖教科书的学习方式相比，项目化学习更像是一个实践的旅程。学生在这个旅程中亲身参与、亲手操作，从而使所学的知识从纸上"飞跃"到真实世界中。每一次的实践都伴随着体验和反思，让学生在行动中深化对知识的理解，并且更加明确自己的长处与待改进之处。

项目化学习与学科素养是相辅相成的。通过项目化学习，学生不仅掌握了学科知识，还培养了与之相关的一系列综合能力，这为他们未来在各个领域都能够发挥所长、展现出色的学科素养奠定了坚实的基础。

二、学科素养：项目化学习的核心动力

（一）加深对学科的理解

学科素养作为教育的核心组成部分，赋予学生深入探索学科的能力，使他们能够在项目化学习中更好地应用知识和技能。通过这种深度的学科理解，学生不仅掌握了知识，还能够洞察学科背后的哲理和逻辑。

1. 坚实的学科基础

在学生面对项目化学习中的问题时，坚实的学科基础如同指南针，引导学生在知识的海洋中遨游。这不仅意味着对基本概念和理论的掌握，还包括如何将这些知识应用于实际场景、如何批判性地思考和解决实际问题。

2. 思维方法的引导

每一个学科都有其独特的思维模式和方法。例如，数学注重逻辑推理，历史强调时间线上的因果关系，而艺术则追求创意和表现。学科素养不仅向学生传授这些思维工具，还指导他们如何在项目中灵活运用这些工具，以进行跨学科的整合和创新。

3. 学科兴趣的培育

真正的学习往往源于内心的热情。通过深入了解学科，学生能够发现其背后的魅力，从而产生强烈的学习欲望。这种欲望使他们更愿意探索未知、更勇于面对学习中的困难，因为他们知道每一次的探索都将为他们打开一个新世界。

4. 拓宽学习视野

学科不是一堆孤立的知识点，它们背后隐藏着学科的发展史，各种学术派别的争鸣，以及与社会、文化、经济等多种因素的互动。学科素养鼓励学生从更宽广的角度看待学科，理解其在更大背景下的价值和意义。这种广阔的视野不仅能够帮助学生建立更为完整的学科认知，也为他们在未来的学术或职业生涯中提供了更多的选择和可能。

（二）培养自主与合作的能力

在 21 世纪的教育体系中，学科素养不仅是学生知识体系的基石，更是他们在项目化学习中实现自主学习和协作能力发展的关键。以下是学科素养在促进学生自主与合作能力方面的具体价值和意义。

1. 自主学习的推动

学科素养强调对学科核心概念和方法的掌握。这种深入的理解使得学生能够在项目中进行独立思考，而不是盲目接收信息。学科素养让学生能够识别什么是关键的、有价值的资料，从而更加高效地利用资源，推进项目进度。

2. 合作与团队协同

学科素养为团队成员提供了一致的知识背景，使得团队成员在讨论时能够快速达成共识，避免不必要的误解和冲突。每个学生的学科素养可能都有所偏重，这种差异性可以被视作团队中的特色与优势，使得任务分工更加明确。

3. 自主与合作的平衡

在项目中，学生会频繁切换自主与合作的角色。学科素养使他们对于何时独立作战、何时集体出击更加敏感。学科素养的培养也是对学生沟通技巧的锻炼，这使得他们在团队中能够更加明确地表达自己的想法，同时能够给予和接受有效的反馈。

4. 兴趣的引领

学科素养使学生能够深入理解学科的本质和魅力，从而激发他们的探索欲望。这种欲望驱使他们在项目中不断深挖，探索更多的可能性。由于学科素养常常与学生的个人兴趣相结合，这种结合确保了学生在项目化学习中保持热情和动力。

总的来说，学科素养不仅为学生提供了学科知识的导引，还助力学生在项目化学习中实现自主与合作的完美结合，从而实现学习的最大价值。

第四章 项目化学习的设计与实践

纸上得来终觉浅，绝知此事要躬行。

——陆游

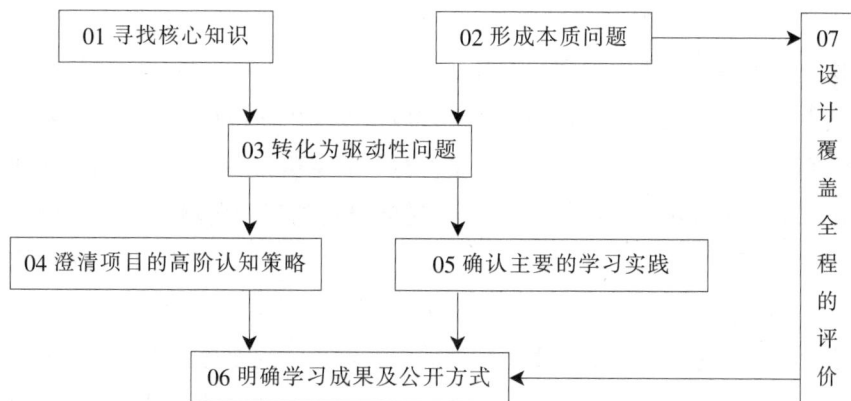

图 4-1 项目化学习的设计框架[①]

项目化学习作为一种以学生为中心的教学方法，已成为现代教育的重要组成部分。然而，如何设计、实施并反思一个项目化学习的过程仍是很多教育工作者关心的议题。本章将深入探讨项目化学习的设计与实践，特别是逆向设计在其中的应用，同时介绍一系列数字化工具和模板，以助力教师更加精准、高效地实施项目化学习。希望通过这一章的学习，读者能够获得更多启示，为教育实践带来创新与改变。

---

① 夏雪梅. 项目化学习设计：学习素养视角下的国际与本土实践 [M]. 2 版. 北京：教育科学出版社, 2021.

第一节　项目的逆向设计

一、逆向设计的定义与起源

逆向设计常被称为"从后往前的设计"，是一种注重最终学习成果的教育设计方法。与传统的教学方法不同，逆向设计不是从课程内容开始，而是从期望的学习结果或目标开始。设计者首先确定希望学生在完成课程或项目后能够获得的知识、技能和态度，再反向设计教学活动，以确保这些期望可以被实现。

这一概念的起源可以追溯到 20 世纪 90 年代，当时教育界开始对传统的教学方法表示担忧，认为它们并不总是有效地帮助学生获得真正的理解或将知识应用于实践中。为了解决这一问题，格兰特·威金斯和杰伊·麦克泰格在他们的著作 *Understanding by Design* 中提出了逆向设计的三个阶段。他们强调了从大的思考框架和理解目标开始，然后设计具体的教学策略和评价方法的重要性。

格兰特·威金斯和杰伊·麦克泰格的工作迅速受到教育界的关注，因为其提供了一个清晰、系统的方法，帮助教师更加有针对性地设计课程，以确保学生能够达到深层的理解和应用。逆向设计不仅被广泛应用于 K-12 教育，还被应用于高等教育和职业培训中，证明了其跨领域的普适性。

二、逆向设计与项目化学习的关系

项目化学习作为一种鼓励学生主动参与、深入探索和合作完成的学习方法，与逆向设计存在密切的关系和互补性。以下为这两者之间的联系和互动方式：

逆向设计与项目化学习在现代教育中交织并共同发挥作用。始于明确学习目标的逆向设计确保了教育活动始终围绕核心目标展开，使教师能够更精准地定义项目任务的价值和意图，设计出既具挑战性又富有实际意义的课程。与此相辅相成的是项目化学习，它提供了一个实际的场景，使学生能够深入地应用逆向设计所定义的知识和技能，为他们带来深度的学习体验。评估环节同样至关重要，它不仅为教师提供了衡量学习效果的手段，项目的成果和过程都可视为学生能力的直接证明。此外，学生在这种结合中完成了角色转变，从被动的知识接受者转化为主动的参与者和贡献者，他们在团队中不仅学习知识，还培养了与人合作和沟通的技能。最后，持续的迭代与优化贯穿始终，无论是逆向设计还是项目化学习，都鼓励教师根据学生的反馈和实际情况对教学方法进行相应的调整，确保教育方法的实效性和适应性。

逆向设计为项目化学习提供了明确的方向和目标，而项目化学习则为逆向设计提供了实现这些目标的实际场景和工具。这两者之间的互动和合作使得学生的学习体验更加深入、有意义和有效。

三、逆向设计的重要性

逆向设计这个概念看似简单，却隐藏着教育领域深厚的哲学含义：先定目标，后规划路径。这种设计思维在教育领域的深远影响可从以下几个方面体现：

（一）明确的教学目标

传统的教学设计可能以内容为起点，受限于教材或课程框架，往往过于关注细节，而忽略了整体目标。逆向设计则首先考虑最终要达到的学习效果，这使得整个教学过程更具方向性，确保每一个教学步骤都服务于这一总体目标。

（二）提高学习的相关性

因为始于明确的学习目标，逆向设计更容易将教学内容与真实世界相联系，增强了学习的相关性。这不仅有助于加强学生的学习动机，还促使学生能够在日常生活中应用所学知识，使知识更具有实用价值。

（三）持续的评估与反馈

逆向设计不是一次性的任务，而是一个持续的过程。始于目标的设定，它在整个学习过程中持续地进行评估，确保教学的每一步都在正确的方向上。这种连续的评估与反馈机制有助于教师及时调整教学策略，确保学生始终处于最佳的学习状态。

(四) 促进深度学习

逆向设计重视学生的深度学习和真实应用，鼓励学生探索、挖掘、连接各种知识点，实现知识的深度整合。这种整体性的学习方式帮助学生形成更加完整和系统的知识结构，进而更好地解决实际问题。

(五) 培养终身学习的能力

逆向设计不仅关注学生的短期学习成果，还看重他们的长远发展。通过持续的评估、反思和调整，学生逐渐培养出自我管理能力、批判性思维和解决问题的能力，这些"软技能"将伴随他们一生，为他们的终身学习和未来职业生涯提供强大的支撑。

第二节　项目的前期筹备

根据项目化学习的设计流程，我们将其划分为前期筹备、实施推进和总结反思三个关键部分（见图 4-2）。这个流程在确保项目化学习的有效性和质量方面具有重要意义。本节我们将以"绿色守护者：基于 IoT 的植物养护系统"为例，展示在项目化学习中如何进行逆向设计。

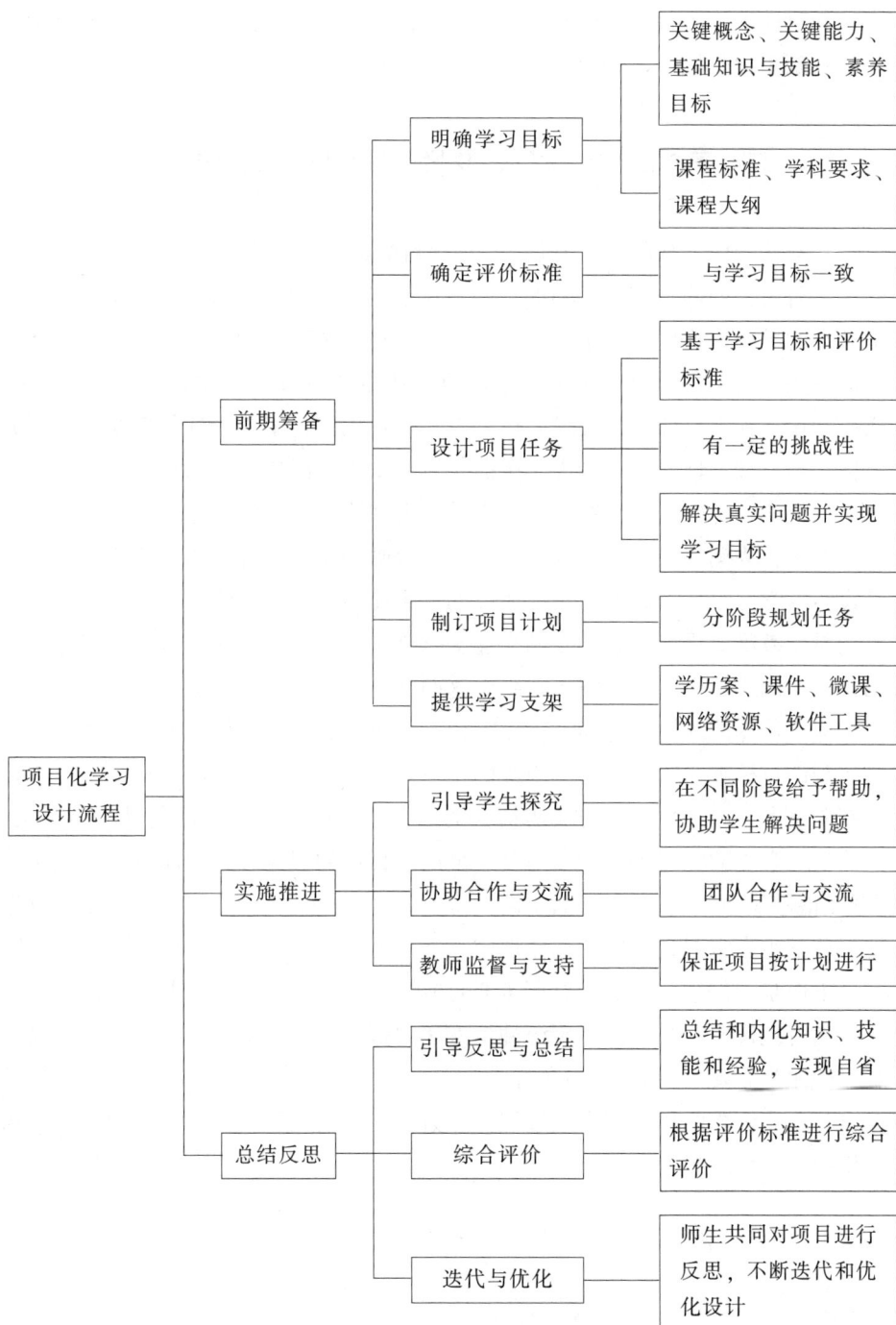

图4-2 项目化学习设计流程

项目前期筹备是一个综合性、系统化的过程，始于问题的识别，围绕学习目标、基于评价标准展开。

一、明晰学习目标：课标、教材、学情的有机融合

在准备阶段，教师是"编剧"，是项目的组织者、设计者、资源提供者[①]。在这一阶段，明确与清晰的学习目标不仅是指引学生学习的基石，还是确保教学效果的关键。这些目标中，核心知识是连接整个项目的核心，是确定目标内容的重点，是推进项目问题解决、形成高质量项目成果的主体知识与能力[②]。核心知识往往来自课标的要求，设计者在进行项目化学习设计前需要细致研究课标、教材和学情，充分考虑学生需要哪些知识。以核心知识和能力为中心搭建设计框架，可以让学生在学习过程中体会知识的整体性，形成全局性理解。

首先，为确保教学与标准的一致性，教师需要深入理解相关的课程标准及其设定的学习目标，确保对于期望中的学生能力有一个明确的框架。但同样重要的是，教师要深度了解学生的兴趣、基础和学习习惯，使得目标设定更为贴切，直接回应学生的实际需求。结合这两者，教师应重点识别并关注学生在项目中应当培养的关键能力和素养，如批判性思维和团队合作能力。其次，将这些宏观的目标细化为具体、可跟踪的小目标是十分必要的，以便每个学习步骤都有明确的导向。此外，与真实情境的结合不仅能使学习目标更具实际意义，还能提升学生的学习兴趣和参与度。最后，目标的表述方式同样重要。使用以"学生能够……"开头的表述方式，而不是"教师指导学生……"，可以更好地强调学生在学习过程中的主体地位，确保他们成为学习的真正主人。

下面是"绿色守护者：基于 IoT 的植物养护系统"项目前期筹备概览：

随着现代园艺与农业对传统种植方法的探讨日益深入，一个创新的解决方案显得尤为必要。因此，"绿色守护者"项目应运而生，旨在通过物联网技术全方位优化植物的种植与管理过程，从数据的采集到最后的反馈应用，为植物提供一个更为理想的生长环境。

---

① 詹宋强. 指向核心素养的渐进式 PBL 实践应用：以 AIoT 电动车头盔监测系统为例 [J]. 中小学信息技术教育, 2023 (6)：48-50.

② 安富海. 促进深度学习的课堂教学策略研究 [J]. 课程·教材·教法, 2014, 34 (11)：57-62.

（一）明晰学习目标

项目的起始是确立明确的学习目标。确立目标时，团队参考了课程标准、教材和对学生实际学情的考察，从而明确希望学生获得的知识、技能和素养。为"绿色守护者：基于 IoT 的植物养护系统"项目定下的学习目标主要为：

第一，深入了解物联网技术在植物种植管理中的关键角色。

第二，体验物联网中数据采集、处理、反馈控制的全流程。

（二）项目内容筹备

1. 设备与技术选择

项目初期，团队选择了一系列的传感器，如土壤湿度传感器、温度传感器以及光照传感器。同时，团队选定了数据传输模块，主要包括 Wi-Fi 和蓝牙技术。

2. 数据流程设计

为确保数据从采集到反馈的流畅，团队详细规划了数据的采集、传输、存储、分析和可视化的全流程，并确定了数据反馈与应用的机制。

3. 考虑现实挑战

团队针对园艺与农业领域中的实际问题进行了深入研究，如人力资源浪费、实时监控缺乏以及自动化程度的不足。这些问题被确定为项目的主要解决方向。

（三）以学生为中心的筹备

1. 学生需求分析

通过调查与访谈，团队了解了学生的兴趣点、现有知识水平和学习风格，确保后续的教学活动与学生的实际需求相匹配。

2. 结合实际应用场景

团队还与本地农场和园艺中心探讨了合作的可能性，目标是让学生有机会在真实环境中部署和测试他们的物联网系统，更真实地体验物联网技术在农业中的应用。

通过这样翔实的前期筹备，团队为"绿色守护者：基于 IoT 的植物养护系统"打下了坚实的基础，确保项目能够有序、有效地推进，帮助学生真正达到预期的学习目标。

二、评价目标的精准制定

（一）以教学目标为基础的评价依据

当我们制定一个项目的评价标准时，关键在于确定学生在项目结束时应该达到哪些标准。这些标准应与学习目标紧密相连，利用清晰的指标或基准来对学生的成果进行量化评估。

在项目化学习中，确立明确的评价标准不仅是衡量学生学习成效的核心，而且是关乎学生学术进展的关键。所有制定的评价标准都应与之前确定的学习目标紧密对应，确保在项目完成时，学生能满足所有预期。为此，抽象的学习目标需要被细化为可操作、可量化的标准。例如，从"掌握物联网的基本概念"这一宽泛的目标转化为更为明确的"清楚地解释物联网的特性和用途"。而为了进一步明确评估，每个评价标准都应有对应的具体指标，如将"解释物联网的定义"具体到"用简明的语言描述物联网及其应用"。

为了更细致地衡量学生的表现，为每个标准设置不同的评价等级也显得至关重要。但仅评估知识掌握程度是不够的，学生在项目中展现的综合能力，如解决实际问题的技巧，也应纳入评价之中。同时，为了更直观地呈现学生的表现，评价标准应尽可能具备量化特性，如通过准确率或创新度来体现。并且，为确保评价的真实性与有效性，标准必须真实反映项目的核心特色，以评估学生在实际项目场景下的应用能力。

不可忽视的一点是，学生也应参与评价标准的制定过程，这一举措不仅有助于他们更深入地理解这些标准，还能增强其对学习的主动性和责任感。综上所述，遵循这些步骤确立的评价标准将为项目学习的执行与评估打下坚实基础，确保学生能顺利实现预设的学习目标。

（二）评价作为促进学生与教师共同成长的工具

在项目化学习评估中，我们的目标远超于简单地量化学生的表现；我们希望评价能成为推动学生和教师共同成长的工具。正确的评价方法不仅可以激励学生主动思考，提高他们的学习效果，还可以为教师提供调整教学方法的方向。其中，我们特别注重为学生提供具体和有针对性的反馈，让他们明确自己的优点和需要努力的方向。而评价的本质并不是对答案的简单审查，而应当激发学生的自主学习和探究欲望。例如，我们鼓励学生运用问题解决技能在实际操作中锻炼自己，从识别问题、提出解决方案到评估效果的每一步都是成长的机会。同时，我们强调培养学生的批判性思维，让他们学会从多角度分析问题。此外，评价结果也是教师专业成长的反馈，他们可以从中了解学生的实际学习状况，进一步调整教学策略。评价不应被视为结束，而是一次反思和重新开始的契机，不仅为学生，也为教师提供了自我优化的宝贵机会。最后，我们坚信，好的评价可以鼓励学生勇于创新和实践，从而使他们的学习经验更为丰富。

（三）"绿色守护者：基于 IoT 的植物养护系统" 评价目标及其制定依据

"绿色守护者：基于 IoT 的植物养护系统" 项目的评价目标旨在确保学生能够深入理解并实践物联网技术，同时培养他们解决实际问题的能力。这些目标关注学生对物联网概念的掌握、技术应用技能、创新思维以及团队合作精神。评价旨在衡量学生是否能够清晰解释物联网的工作原理、独立完成数据采集和分析任务，并在团队中进行有效沟通和协作。此外，评价还将考查学生在面对植物的生长和农业领域挑战时的创新方案和实践应用能力。

评价目标的制定依据源于对教育课程标准的严格遵循，对学生学习需求的细致调研，以及对物联网技术在现实世界中应用的深刻理解。课程标准的一致性确保了评价目标的相关性和教育意义，而学生需求分析则确保了评价的个性化和激励性。此外，对技术应用的实践性考量强调了学生将理论知识转化为解决实际问题的能力。评价目标的设计还旨在促进学生的全面发展，不仅关注学生的学术成就，更重视学生批判性思维、团队精神和终身学习能力的培养，以鼓励学生成为主动探索和创新的个体。

表 4-1　"绿色守护者：基于 IoT 的植物养护系统" 评价目标及其制定依据

评价目标	描述	制定依据
理论知识掌握	学生应能清楚解释物联网的基本原理、定义及其在植物养护中的应用	对照学习目标，具体化标准
实际应用能力	学生应能基于物联网设计并实现一个植物养护系统，能够对植物的生长环境进行有效监控和调节	明确指标，反映项目性质
创新与批判性思考	学生在设计过程中应展示出创新思维，能够批判性地分析现有植物养护方法的局限性，并提出改进方案	综合能力

（续上表）

评价目标	描述	制定依据
团队合作与沟通	在项目实施过程中，学生应能展现出良好的团队合作精神，与团队成员有效沟通，共同解决问题	综合能力，反映项目性质
项目实施与管理	学生应能规划项目的各个阶段，合理分配时间和资源，确保项目的顺利完成	量化标准，明确指标
自主学习与探究	学生应在项目中主动寻找资料，自我学习，并探究植物养护和物联网技术的最新发展情况	明确指标，反映项目性质

三、情境融合：真实情境主题的构建

在项目化学习中，选定的主题不仅应是一个吸引人的标题，还应该成为鼓励学生进行深度探索和积极行动的驱动力。一个卓越的项目主题需要具备一系列的要素，并符合特定的选择标准，从而将学科理论与学生日常生活中的实际问题无缝结合，极大地提高学生的参与热情和学习兴趣。

（一）项目主题的要素与选择标准

在选择项目化学习的主题时，首要的准则是紧贴现实生活，确保主题与学生的日常生活和他们所面临的实际问题有着直接的联系。例如，"环境保护"这样宽泛的主题可以被细化为"校园内的垃圾分类与环境友好措施"，从而为学生提供直接参与和体验的机会。此外，高质量的项目主题应当实现跨学科的融合，允许学生从多种角度和领域，如生态、社会、经济和法律，综合审视问题。与此同时，主题应引起学生的好奇心，并有适当的挑战性，如"如何在学校成功推广垃圾分类"这样的问题将驱使学生进行深入研究。

而项目化学习的核心不仅在于掌握知识，还在于实践操作。因此，选择的主题必须具备实际操作性。例如，在有关改善校园环境的情境中，学生可以真正参与到垃圾分类中，甚至组织宣传活动或开发相关应用。此外，为了确保学生能够建立起完整的知识框架，主题应当突出学科的核心理念，如在环境保护中，概念可能涉及生态平衡和生态系统的互动等。

但是，纯粹的知识和技能并不足够。学生还应该被鼓励深入思考，并勇于挑战传统的观念。一个好的主题应让学生质疑，如"单纯的垃圾分类真的能够带来持续的环保效果吗"。最后，主题的选择也应反映其对社会的影响力，使学生明白他们的行动和研究不仅能改变校园，还可能对更广大的社区和环境产生长远的正面影响。综上所述，一个精心选择的项目化学习主题将为学生提供丰富、有实践性并具有深远意义的学习体验。

（二）策略与方法：激发学生兴趣与提高学生的投入度

在项目化学习的背景下，确保学生对主题充满兴趣并全身心投入至关重要。为此，教师需要有策略地调动学生的积极性，在构建真实情境主题时激发学生的兴趣，提高学生的投入度。

在现代教育中，成功的项目化学习往往体现为一系列精心设计的要素。选题的艺术十分关键：我们要选择那些与学科内容紧密相关且在日常生活中具有实际意义的主题。这样做不仅与学生的生活经验相呼应，如环保、科技进步或社会议题，还能够激发他们的好奇心。但是，纯粹的学科知识还不够，我们还需强调知识与实践的结合，让学生真实体验到所学知识在解决问题时的价值，如在学习数学的过程中通过金融投资案例来分析回报与风险。

在此基础上，教育更应注重个性化，允许学生根据自己的兴趣选择研究主题，进而提高他们的主动性和热情。同时，为了满足不同学生的学习偏好，资源的多样性也至关重要。教师可以提供多种形式的学习资料，包括文字、图像、视频和互动模拟。为了进一步提高学生的参与度，教师可以通过组织竞赛或成果展示的方式让他们有机会展示自己的能力，这种展示能够激发他们的学习热情。

更重要的是，教师应鼓励学生提问与探索。通过引导学生提出具有挑战性的问题，教师可以推动学生深入探讨，培养他们的探究精神。此外，安排学生定期与实践者对话，如邀请行业专家分享经验，为学生提供更深入的洞见，并帮助他们认识到学科知识在实际工作中的重要价值。最后，为了确保项目学习永远处于教育的前沿，教师在设计项目时应不断加入创新和挑战性元素。这样，学生面对的问题将更加引人入胜，从而极大地提高他们的参与度和积极性。

（三）"绿色守护者：基于 IoT 的植物养护系统"是如何构建主题的

通过对社会背景的分析、明确的目标与需求设定、跨学科的融合，以及对实际应用和用户体验的考虑，"绿色守护者：基于 IoT 的植物养护系统"项目主题得以成功构建。

1. 背景分析

随着现代社会的生活节奏加快和人们对绿色生态的日益关注，很多人希望在家中或办公场所养植物。但由于人们生活忙碌、缺乏种植经验或经常外出，很多植物很难得到恰当的养护。因此，基于物联网技术的植物自动养护系统应运而生。

2. 确定目标与需求

主题的核心是设计一个可以自动化、智能化管理植物养护的系统。需求可能包括：

（1）自动浇水。

（2）土壤湿度监测。

（3）光照强度调整。

（4）温度监控。

（5）数据可视化。

3. 技术与实践的融合

这个主题结合了植物学、环境科学与物联网技术。物联网技术可以提供设备间的互联互通，植物学和环境科学提供了植物生长的必要知识。

4. 社会意义与实际应用

"绿色守护者：基于 IoT 的植物养护系统"不仅是一个技术项目，还有助于推广绿色生活，使城市生活更加宜居。同时，这种自动养护系统也为那些想要养植物但无法经常照料植物的人提供了便利。

5. 交互与用户体验

考虑到系统的实际使用，必须确保它对用户友好，易于安装和操作。这也意味着该系统需要一个简单明了的用户界面，以及及时的反馈机制。

6. 创新与挑战

物联网技术在农业、家居等多个领域都有应用，但将其与植物养护相结合，尤其是在家庭和办公环境中，具有一定的创新性。同时，如何确保系统的稳定性、准确性和长期可维护性也是一个挑战。

四、全员共建：打造参与式的项目任务

（一）任务分解的核心及策略

在项目化学习的宏图中，每个学生都是重要的一员，他们之间的协同合作

是至关重要的。为此，任务分解成为实现这一目标的有力工具。它不仅分割了复杂的工作流程，还确保每个团队成员有明确的目标和责任。以下是任务分解的核心及策略。

为了确保每个学生在项目中能够明确自己的角色并有效地发挥作用，我们首先坚持明晰职责的核心理念，通过任务分解来为每个参与者提供明确的职责划分。这不仅可以让我们更好地利用时间，确保项目的高效推进，而且能让团队在明确的分工基础上展现合作的魅力，进而确保信息流畅和任务协同。在策略实施上，我们采取将大项目拆分为可操作的小任务的方式，确保每一部分都有其独特的价值。接下来，我们根据学生的专长和兴趣进行职责定位，使每个学生都能在其擅长的领域中各显身手。尽管每个成员都负责各自的任务，但我们十分重视团队间的集成与协同，强调互相支持的重要性。为了保持项目方向的明确性和进展的顺利，我们还安排定期的沟通会议，确保及时地解决任何难题。最后，当每个小任务完成时，我们会整合所有的成果，展现整个团队的合作成果，确保每个学生在团队中都能感受到自己的价值，并使项目流程有序而高效。

（二）构建任务的层次与提高挑战性

任务的构建不仅要清晰，还要具有层次感，同时要给学生带来一定的挑战。这样，学生才能够深入参与，持续保持高涨的热情。

在构建项目任务时，首先要确立一个明确的宏观目标以提供方向指引。然后，基于这一总体方向，我们需要划分子任务，确保每一项任务都有其独特的目的和价值。同时，为每个子任务明确具体步骤，使学生具备明确的执行路径。但仅有结构化的任务还不够，任务的难度要恰到好处，既具有挑战性又具有可达成性。引导学生通过问题导向的方式来面对挑战，这不仅培养他们的问题解决能力，还鼓励他们跳出固定思维，创新性地寻找答案。将任务与实际场景相结合，强调其实用性，使学生能够深切体验到自己为解决实际问题所作的贡献。这样有层次的任务结构与合适的挑战性不仅确保任务的有效完成，还能点燃学生的创造激情和探索欲望，促进他们全面成长。

（三）"绿色守护者：基于 IoT 的植物养护系统"项目任务设计

1. 设立宏观目标

设计并构建一个有效的、基于 IoT 的植物养护系统，使得家中或学校的植物得到更科学、智能的照料。

2. 拆分子任务

（1）调研与需求分析。

①学习植物养护的基本知识和技能。

②调查现有的物联网植物养护产品和解决方案。

③基于调研数据，确定系统需要具备的功能。

（2）硬件选择与配置。

①选择适合的传感器，如土壤湿度传感器、光照传感器等。

②选择中心控制单元，如 Arduino 或掌控板。

③确定其他必要的硬件配件，如水泵、LED 灯等。

（3）软件设计与编程。

①设计用户界面，使得用户可以轻松地查看和控制系统。

②编程实现传感器数据的读取、分析和操作硬件的功能。

③实现远程控制功能，如通过手机 App 控制。

（4）系统集成与测试。

①将所有硬件组件连接起来，并与软件进行整合。

②在真实环境中测试系统的功能和性能。

③根据测试结果进行必要的调整。

（5）用户手册与培训。

①编写详细的用户手册，指导用户如何使用和维护系统。

②组织培训活动，帮助用户更好地使用系统。

3. 明确细节

对于每个子任务，进一步细化具体的操作步骤、责任人、完成时间等信息。

4. 设定挑战性

（1）适度难度。

设计一个有创新功能的系统，如自动化配肥系统，使得养护更为专业。

（2）问题导向。

通过系统，解决特定的植物养护问题，如如何确保植物在长时间无人照看的情况下得到足够的水分。

（3）创新驱动。

鼓励学生寻找新的传感器技术或算法，以优化系统性能。

（4）实用性强调。

使得系统不仅限于在实验室环境中使用，而是可以在家庭或学校环境中使用，帮助用户更好地养护植物。

通过此任务设计，学生将全面参与项目的每个环节，从需求分析到系统设计、实施和测试，不仅能够锻炼学生的团队合作和项目管理能力，还可以深入学习物联网技术和植物养护知识。

五、精准管理：项目时间周期的科学管理

在项目化学习中，对时间的精准把握和高效利用是确保项目顺利进行和成功完成的关键。以下是项目周期规划的关键策略及时间管理的核心价值。

（一）项目周期规划的关键策略

项目周期规划的关键策略是一个综合的方法，首先需要明确项目阶段，通过将项目细分为多个阶段和任务，并为每个阶段设定清晰的目标，帮助学生对项目的结构形成完整的认识、构建明确的方向。在这基础上，考虑到任务的难度和学生的能力，为每项任务和阶段设置合理的时间期限，这个时间期限的设定进一步强化了项目的框架。为了确保效率和质量，任务的优先级也不可忽视，通过对任务的排序，确保关键任务优先进行，有效预防"临时抱佛脚"的现象。其次，考虑到实际操作中可能遇到的不确定因素，合理的规划应预留一些时间余地，这使得项目有足够的灵活性来应对突发情况或其他延误。流程的协调也同样重要，需要确保项目各个环节顺畅连接，以防止前期问题拖延后续进度。在项目进行过程中，教师的角色不可或缺，他们需要随时观察项目的进展，并提供实时反馈，成为学生前进的指南针，确保学生始终保持正确的方向。此外，利用时间管理工具，如时间表和待办事项清单等，以帮助学生更系统地安排和控制时间。最后，定期的评审机制也是关键，周期性地检查项目进展与预期计划的契合度，并在必要时进行及时的调整，保证项目始终沿着既定路线稳步前进。

（二）时间管理对项目化学习的重要性

时间管理在学生的项目学习中扮演着至关重要的角色。时间是宝贵且有限的资源，每个学生都必须在规定的时间内完成自己的任务。若没有合理的时间调度，就可能导致项目延误或无法完整完成。加上项目任务往往具有多元性和复杂性，学生在没有良好的时间管理时很容易感到不知所措。为了应对这些挑战，优秀的时间管理技巧可以确保学生把主要精力集中在关键任务上，从而显著提高学习效率。同时，明确的时间计划有助于学生对抗拖延症，保证项目始

终行进在正确轨道上。这样的自我约束和规划不仅培养出学生的自律性，还能使他们养成更加有组织性的工作习惯。正因如此，时间管理不仅确保学生可以在预定的时间内高效地完成项目，还进一步确保了其完成质量。从真实案例中也可以看出，一些学生由于缺乏时间管理而在项目尾声时赶工，最终影响了项目的成果；相反，那些采取了明智的时间规划的学生往往能成功地按计划推进，交出质量上乘的作品。

（三）"绿色守护者：基于 IoT 的植物养护系统" 初步的时间周期管理安排

表 4-2 "绿色守护者：基于 IoT 的植物养护系统" 初步安排

课时	标题	主要内容及活动
1	项目简介与启动	认识绿色守护者的概念、项目目标、分组与职责分配
2	需求调研方法论	调研方法学习、目标用户群定位、初步调研问卷设计
3	实地调研与数据收集	对目标用户进行调研、收集相关资料
4	需求分析与讨论	分析调研数据、确定系统主要功能
5	系统设计概论	设计系统架构、物联网应用案例分享
6	系统详细设计	系统架构设计、传感器选择与部署、界面初步设计
7	开发环境与工具介绍	介绍开发环境与工具、功能模块分组选择
8~9	系统开发实践	进行系统开发、小组之间的同步与讨论
10	系统测试方法	测试方法介绍、编写测试用例
11	系统集成与试运行	模块集成、系统试运行、讨论与反馈
12	用户培训与反馈收集	模拟环境培训、收集用户反馈、系统优化
13	项目总结与展示	每组展示成果、讨论成功点与不足、教师点评

六、学习支架的有效构建

在项目化学习中，为学生搭建完备的学习支架是确保他们顺利进行学习并深入探索相关知识的关键。学习支架是建立在一定的学习情境、学生全程参与等条件上的；在学生已经作了一定的努力却仍然不能独立完成任务的情况下，确定学习支架的需求后才为其提供学习支架。只有这样，学习支架的作用才能得到更好的发挥。在学习者获取相应的知识后，应及时将支架撤去①。

首先，我们需要收集和整理与项目主题紧密相关的学习资源，包括学历案、课件、微课以及网络参考资料。这些资源不仅要涵盖项目所需的所有知识点和技能，还要结构清晰有条理。特别是学历案，它必须具备真实性，使学生能够将所学知识应用于实际问题和情境中。此外，针对学习目标，我们也可以制作具有实用价值的课件和微课，它们可能包括概念讲解、实际操作指南或是案例分析，助力学生更好地理解和应用知识。

其次，为了确保学生能够深入挖掘项目的内涵，我们还可为他们提供可供自行查阅的网络资料，其中可能包括学术论文、实验教程或是技术文档，旨在帮助学生扩展知识视野。与此同时，项目中所需的工具和软件，如特定的硬件平台或编程软件，我们也会为学生提供，确保他们能够无障碍地进行实践操作。

但仅仅提供资源并不足够，教导学生如何高效利用这些资源同样重要。因此，我们将所有材料整合并通过在线平台或课程网站呈现，让学生随时都能轻松访问。并且，为了辅助学生更好地开展项目，我们还会提供如数据样本、实验指导等支持材料，并对如何使用学历案、如何高效查找和阅读参考资料等进行必要指导。

最后，为满足不同学生的学习需求，我们确保学习支架具有多样化的学习方式，如文字、视频和音频等，确保每个学生都能从中受益。这一系列细致而周到的准备旨在确保学生能够在项目中自主学习，充分展现他们在问题解决、团队合作和创新方面的能力。

项目"绿色守护者：基于 IoT 的植物养护系统"旨在让学生利用物联网技术构建一个植物养护系统。为确保学生能够顺利完成这个项目，我们需要搭建以下学习支架：

1. 理论基础课程

（1）物联网基础。讲解物联网的基本概念、组成、工作原理及应用。

（2）植物生态学。提供植物生长、发育、水分、光照等基本知识。

2. 技能训练课程

（1）传感器使用。讲解如土壤湿度传感器、光照传感器、温度传感器的使用和数据读取。

（2）数据传输。讲解如何使用 Wi-Fi、MQTT 等方式传输从传感器收集到

---

① 张瑾. STEM + 教育中学习支架设计研究［J］. 现代教育技术，2017，27（10）：100 – 105.

的数据。

（3）编程基础。涵盖如何编写代码来处理和分析从传感器收集的数据。

（4）硬件接口。讲解如何将传感器与微控制器如 Arduino 或掌控板连接。

3. 实用工具与软件

（1）提供与项目相关的开发工具、编程环境和硬件平台。

（2）提供数据分析和可视化软件，如 MixlO 物联网平台等。

4. 项目管理与团队合作

（1）教授学生如何规划项目、分配任务、进行协作和时间管理。

（2）提供在线协作平台，如 boardmix 等，帮助团队高效合作。

5. 实验材料与设备

（1）提供必要的传感器、微控制器、电路板等。

（2）提供实验室环境，包括电工工具、测试设备等。

6. 案例研究

（1）分析现有的植物养护物联网项目，帮助学生了解实际应用场景。

（2）提供成功和失败的项目案例，供学生参考和学习。

7. 交互式学习平台

设置与教师或专家的在线问答环节（如 UMU、微信群），助力学生解决在项目中遇到的问题。

8. 评估与反馈

（1）进行中期和项目结束的评估，以确保学生按计划前进。

（2）提供具体、有针对性的反馈，帮助学生定位问题并找到解决方案。

通过上述学习支架的搭建，我们希望学生能够在项目中获得充分的支持，不仅掌握物联网在植物养护系统中的应用，还能在实践中培养他们的创新、合作和问题解决能力。

七、学历案推动：学历案在项目设计中的运用

何为学历案？它是在班级教学情景下，基于学生立场，围绕某一具体的学习单元，从期望学生"学会什么"出发，逆向设计"学生何以学会"的过程，以便学生自主建构或社会建构经验的专业方案①。它是教师设计的、规范或引导学生学习用的文本，是通向学习目标的"脚手架"；它是一种学校课程计

---

① 崔允漷. 学历案：学生立场的教案变革［N］. 中国教育报，2016－06－09（6）.

划、学习的认知地图、可重复使用的学习档案，是师生、生生、师师互动的载体，也是学业质量监测的依据①。

（一）教案、导学案、学历案的联系与区别

教案、导学案和学历案都是教学设计中的重要组成部分，它们在教育领域中扮演不同的角色，但又有一定的联系和相似之处。以下是对它们的联系与区别的具体描述：

（1）教案。教案是教师为了在课堂上有效地传授知识、达到教学目标而准备的详细计划。它通常包括课程内容的分解、教学目标的设定、教学步骤的安排、教学方法的选择、评价方式等内容。教案是教师用来指导自己在课堂上的教学活动的工具，有助于教师清晰地了解教学的流程和步骤。

（2）导学案。导学案是教学设计的一部分，它主要是为了引导学生在课前或课堂上独立地进行学习和思考而设计的材料。导学案通常包括课前预习的内容、问题引导、思考指导、任务安排等，旨在激发学生的兴趣，帮助他们预先了解要学习的内容，为课堂上的学习做好准备。

（3）学历案（学习方案）。学历案是一个更广义的概念，它是在教育设计中为促进学生自主学习和全面发展而设计的一套教育方案。学历案不仅关注课堂教学，还关注学生的整体学习过程。它通常包括学习目标、学习资源、学习策略、评价方式等，可以用来指导学生进行整个学习过程的规划和实施。

表4-3汇总了教案、导学案和学历案在不同方面的联系与区别，有助于读者理解它们在教育领域中的作用和角色。

表4-3　教案、导学案、学历案的联系与区别

方面	教案	导学案	学历案（学习方案）
定义	教师为课堂教学准备的详细计划	引导学生在课前或课堂上独立学习的材料	促进学生自主学习和全面发展的教育方案
主要关注对象	教师	学生	教师和学生
设计内容	教学内容、目标、步骤、方法、评价方式等	课前预习内容、问题引导、思考指导、任务等	学习目标、资源、策略、评价方式等

---

① 崔允漷，尤小平．教学变革：从方案的专业化做起［J］．当代教育科学，2017（9）：3-6.

（续上表）

方面	教案	导学案	学历案（学习方案）
角色定位	教师在课堂上的指导和安排	为学生的自主学习做铺垫	促进学生主动学习和发展
教学过程导向	教师为主导	学生为主导	教师和学生共同参与
强调	教学过程和方法	学生的自主学习	教学与学习的整体规划和管理
目标达成的方式	教师指导下的学生掌握	学生在课前独立了解预习内容	学生自主学习，教师辅助和引导
时间应用	课堂上	课前或课堂上	整个学习过程
教学实际应用	教师用来指导自己的教学活动	引导学生预习和课堂上的学习	教师和学生用于规划和实施学习计划

（二）学历案的核心概念与作用

在项目化学习设计中，学历案是一个重要的教学工具和方法，用于引导学生在解决实际问题或完成任务的过程中进行深度学习。它结合了学习目标、学习过程、评价任务等要素，以学生为中心，促使学生在项目中进行自主建构、合作学习以及实际应用，从而提高他们的综合素养和能力。

在项目化学习设计中，学历案作为教学的核心支架，为整个教学过程注入了明确性和深度。它首先为项目确立了清晰的学习目标，使得教师与学生都能明确前进的方向。其次，学历案在学习过程的设计中发挥关键作用，既指引学生如何搜集与应用知识，又为教师规划学习活动提供了方向，确保学生能够逐步沉浸并适应项目环境。在评价环节，学历案确保评价与目标紧密相连，使评价任务能够真实反映学生的学习成果，同时鼓励他们进行创新实践。更值得一提的是，学历案通过设计多样化任务，成功地促进了学生之间的交流与合作，培养了他们的团队精神和自主学习能力。最后，在项目的收尾阶段，学历案再次发挥其作用，引导学生深入反思和总结，帮助他们看到自己的进步与不足，从而提高他们的元认知能力。

在项目化学习的设计中，学历案扮演着至关重要的角色，整合了多种教学要素，以提供更加有针对性和组织性的学习体验。它将学生置于教学的中心，强调了对学生学习需求、兴趣的关注，并突出了他们在学习中的主动性和合作性。这与其目标导向的性质相吻合，确保每个教学活动都针对明确的学习目标进行，使学生在项目中能够获得预期的学习成果。重要的是，学历案为确保"教—学—评"一致性提供了框架，形成了一个协同的教学系统，其中学习过程、教学活动和评价任务相互呼应。此外，它鼓励学生深入学习，不仅通过问题解决和实际应用来培养其分析和创新能力，而且通过小组合作和讨论来提升其团队协作和沟通技巧。学历案还巧妙地设计了自主学习环节，激发学生的学习热情，并培养他们独立思考的习惯。而在解决实际问题和展示学习成果时，学生能够综合运用其所学的各种知识和技能，进一步展现其综合素养。总之，学历案不仅使教学过程更加有条不紊，还促使学生更加主动和深入地参与学习，从而显著提高了教学效果和质量。

第三节　项目的实施推进

一、引导学生深入参与项目研究的策略与方法

在项目实施推进阶段，引导学生深入参与项目研究是至关重要的，这有助于他们积极投入学习、培养问题解决能力和自主学习能力。以下是一些策略与方法，可用于引导学生深入参与项目研究。

（一）启发式问题引导

提供开放性和启发式的问题，激发学生的好奇心和求知欲。这些问题应该鼓励学生提出更多问题、寻找资源、展开调查研究，从而深入探究项目主题。启发式问题应该具有一定的开放性，能够引发学生的思考和讨论，同时能够与课程内容或项目主题相关联。这些问题应该能够激发学生的好奇心，引导他们作进一步探究，而不是简单地寻找标准答案。

在"绿色守护者：基于 IoT 的植物养护系统"这个项目中，教师可以基于以下驱动问题有效地引导学生进行深入的探究，鼓励他们从多个角度和维度去思考问题，培养他们的问题解决能力和自主学习能力。

1. 设备与应用

"如何使用 IoT 技术来实时监测植物的生长状况？"这个问题将引导学生去探索各种传感器和设备，如土壤湿度传感器、光照传感器等，了解其工作原理

和如何与其他设备相互连接。

2. 数据分析

"通过收集到的数据，我们如何准确预测植物的养护需求？"通过这个问题，学生可以深入研究数据的处理、分析方法，以及如何将数据转化为实用的养护建议。

3. 环境与植物生态

"哪些环境因素对植物生长影响最大？我们应如何调整？"这鼓励学生去研究植物生物学和生态学，理解植物与环境的相互作用。

4. 系统设计与实现

"如何设计一个对用户友好的界面，使得没有园艺经验的人也能轻松使用我们的 IoT 养护系统？"这将引导学生思考用户体验、软件设计以及与用户的交互方式。

5. 持续改进与创新

"已有的 IoT 植物养护系统有哪些局限性？我们如何进行改进？"通过这两个问题，学生被鼓励去批判地思考现有的技术和方法，并寻找新的创新点。

6. 项目实际应用与反馈

"如何确保我们的系统在真实环境中有效工作？如何收集用户反馈并根据反馈进行调整？"这两个问题将引导学生思考项目实施的实际情境，了解用户需求，并不断完善自己的设计。

7. 跨学科融合

"如何结合生物学、技术和设计三个领域的知识，打造出一个完美的 IoT 植物养护系统？"这将引导学生跳出单一学科的思维模式，学会跨学科合作，整合不同领域的知识。

（二）探究性学习任务

设计能够引导学生主动探索的任务，让他们通过实际操作、实验、调查等方式，亲身体验和探究问题。例如，要求学生设计一个实验来解决问题，从中学习相关知识。

以"绿色守护者：基于 IoT 的植物养护系统"为例，可以设计出以下探究任务（见表 4 – 4）：

表4-4 "绿色守护者：基于 IoT 的植物养护系统"探究任务

序号	任务名称	任务描述	任务目的
1	实时环境监测任务	将物联网传感器放置在园区或学校的不同位置，对植物生长环境进行24小时的实时监测	学习如何设置和读取传感器的数据，并了解各种环境因子如何影响植物的生长
2	数据分析与解读任务	收集一段时间的环境数据，利用数据分析工具或软件进行整理和分析，寻找可能影响植物健康的模式或趋势	培养学生的数据解读能力，了解如何从大量数据中提取有价值的信息
3	植物生长对比实验	选择两组植物，一组使用物联网养护系统进行养护，另一组按照传统方式进行养护。比较两组植物的生长状况	实际体验物联网技术在植物养护中的应用，并进行批判性思考
4	用户反馈与产品改进	设计一个简易的用户调查问卷，邀请学校内外的人员试用"绿色守护者"系统，并收集反馈，根据反馈进行系统改进的设计	理解用户需求，学习如何根据用户反馈进行产品迭代和优化
5	系统演示与推广	组织一个小型展示会，邀请教师、家长和其他同学参观，展示"绿色守护者"的工作原理和效果，同时收集建议和意见	培养学生的沟通能力和团队协作精神，学会如何向公众解释和推广技术产品

（三）团队合作与讨论

鼓励学生在小组内展开合作，共同研究项目问题。通过互相讨论、分享不同观点，学生可以就问题进行深入思考和交流，拓展思维。

在推进项目研究的过程中，学生的深入参与是关键，而为了确保这种参与，问题驱动学习成为一种有效的策略。它确保项目任务与问题解决紧密相关，从而促使学生将所学知识应用于实际情境中。这样的学习方式不仅激发了学生的兴趣，而且增强了他们的主动性和投入感。与此同时，教师不再是传统的教学者，而是转化为导师，成为学生研究旅程中的指路人。他们引导学生制订计划、提供建议并监督研究的进展，从而帮助学生树立清晰的目标和保持正确的方向。

　　当然，这一过程中，学生的自主探索也同样重要。通过安排探索性学习时间，教师给予学生权利和机会去选择自己热衷的课题，进一步挖掘他们的研究兴趣。此外，实地考察和调研活动为学生提供了宝贵的平台，使他们能够直观地感知项目的现实背景，从而激发他们的感知力和洞察力。

　　然而，仅是提供机会并不足够，教师还需要为学生提供挑战。通过设计具有难度的任务，教师鼓励学生走出自己的舒适区，追求更深入的理解和创新的解决方案。

　　总的来说，引导学生深入参与项目研究不仅需要一系列的策略和方法，还需要教师在背后为学生提供持续的支持和指导。这样的努力旨在激发学生的学习热情，培养他们的探究精神，并最终使项目研究达到深入、系统并且富有成果的境界。

二、团队组建的原则与实施策略

　　在项目化学习中，团队的组建与运作是确保成功的关键。团队的多样性和跨学科性是创新解决方案的孵化器，其能够汇聚多元视角，激发创造性思维。同时，适当的认知异质性可以防止团队陷入单一的思考模式，从而创造一个富有活力和思考深度的团队环境。此外，通过确保团队成员之间的技能和能力互补，一个协同工作的团队得以形成，每个成员都对项目的成功作出贡献。然而，仅是组建一个技能丰富的团队是不够的，成员们必须就共同的目标和愿景达成一致，并真正地为项目的成功而努力。

　　在实施策略方面，团队的构建始于项目的明确目标。只有当项目的目标足够清晰时，我们才能有效地评估和匹配潜在成员的技能。随后，为团队中每个成员定义明确的角色和职责是至关重要的，它有助于保持团队的方向和避免不必要的冲突。同时，开放的沟通和反馈机制可以确保团队的信息流动性，并鼓励成员分享他们的知识和经验，从而培育出集体智慧。当然，任何团队在合作中都可能遇到冲突，因此建立健全的冲突解决机制是确保团队合作和谐的关键。最后，为了保持团队的动力，进行绩效评估并对那些在项目中有出色表现的成员给予认可是非常必要的。

　　总之，通过将明确的组建原则和实施策略相结合，我们可以确保项目化学习中的团队不仅能够高效合作，还能为每个成员提供有益的个人和职业发展机会。

三、教师在项目研究中的角色与影响

在项目化学习的实践中，教师的角色和影响不容忽视。他们不仅是传统意义上的知识传授者，还是学生进入项目探究深处的指导者和引导者，为学生提供清晰的框架和方向。在项目启动时，教师能够提出富有启发性的问题，激发学生的好奇心，为他们的研究注入活力。当学生进行深入探究时，教师又转变成资源的提供者，帮助他们接触到必要的信息和工具。更重要的是，作为学习导师，教师在学生遭遇困境时伸出援手，为他们提供策略和方法，帮助他们渡过难关。同时，教师也可以与学生并肩作战，共同探究学习的领域，形成一种共同进步、相互启发的学习模式。当项目完成时，教师的责任并未结束，他们还要作为评价者对学生的努力给予公正的评价和建设性的反馈，引导他们持续成长。综上所述，教师在项目化学习中通过多角色的扮演，既激发了学生的学习热情，又培育了他们的综合能力，展现了现代教育的深厚价值。

第四节　项目分享、评价反思与迭代

项目分享、评价反思与迭代是教育中的关键环节，确保学习的深度和延续性。

一、项目分享

（一）项目分享的方法和途径

在项目化学习的过程中，分享不仅是学习成果的展示，更重要的是其在加深理解、培养多种能力与扩大社交互动中的角色。分享的方法和途径，可以大大影响这些效果的实现。基于此，结合教育理论，我们可以更加深入地探讨各种分享方式的特色与价值。

1. 课堂展示

从布鲁纳的"探索学习理论"[①] 出发，我们知道学习应当是一个主动的、

———————————

① 布鲁纳.布鲁纳教育论著选 [M].邵瑞珍，张渭城，译.北京：人民教育出版社，1989.

探索的过程。课堂展示正是一个让学生主动展现、积极探索的舞台。在这样一个熟悉的课堂环境中，学生向同班同学和老师展示自己的项目，这有助于他们增强自信，并从及时的反馈中进一步学习和成长。而这种亲密的经验分享，为接下来更广泛的分享奠定了基础。

2. 学校科技展

当学生们在课堂中建立了基础后，学校科技展为他们提供了更大的舞台。维果茨基的"社会文化学习理论"① 中提到，学习是一个社交过程，需要与他人互动。学校科技展为学生与更广泛的学校社区建立互动提供了契机。他们不仅可以展示自己的成果，更可以从其他同学的项目中得到启发，进一步促进跨学科和跨年级的合作。

3. 社交媒体或学校网站分享

当然，分享的空间不应仅限于学校。基于班杜拉的"社会学习理论"，我们知道人们在很大程度上是通过观察他人的行为来学习的。因此，将项目通过社交媒体或学校网站分享出去，不仅可以让更多的人看到学生们的努力，也可以为学生们带来外部的、更多样化的反馈。这种反馈有时候可以带来新的视角，促使学生进一步思考和完善项目。

4. 与其他班级或年级的学生进行分享

让学生与其他班级或年级的学生分享，可以说是一个深化理解的过程。吉恩·莱夫和埃蒂纳·温格的"实践共同体理论"指出，新成员通常是通过参与社区的实践活动来学习的。同样，当学生开始教授其他学生，他们自己的理解也会更加深入。此外，这种方式还促进了年级间的交流，形成了健康的学习生态。

串联起这些分享的方法和途径，我们可以看到一个层层递进、不断深化的学习与分享过程。从课堂到学校，再到网络和更广泛的社区，每一次分享都是一次新的学习、新的挑战，也是新的机会和成长。

（二）项目反馈与互动

项目化学习的各个环节都显得生机勃勃，但其中最能彰显其特色与价值的部分，恐怕是项目的分享与反馈环节。这个环节的重要性，不仅在于展示学生

---

① 牛瑞英.《社会文化理论和第二语言发展的起源》述介 ［J］. 外语教学与研究，2007，39（4）：314–316.

的学习成果，更在于通过外部的反馈与互动来深化学生的认识，促进其进一步的学习与成长。项目的反馈与互动正是这样一个连接项目输出与进一步优化的关键桥梁。

1. 引入多方反馈：多元视角下的项目反思

首先，我们不能忽视多方反馈的价值。从学生的同班同学到其他年级的学生，再到教师和家长，每个人都可能带来独特的视角。结合布鲁纳的"探索学习理论"，我们知道每个人的认知结构都是独特的，从而在面对同一个项目时，可能会产生不同的见解和建议。这正是项目化学习希望达到的效果——通过多元的反馈来加深学生的理解，促使他们从不同角度审视自己的项目。

2. 教师与学生的双向互动：从教与学的交融中找寻项目的深化

与此相辅相成的，是教师与学生间的双向互动。当学生将项目分享给教师时，这不仅是一个简单的"展示"，更是一个"探讨"的过程。维果茨基的"社会文化学习理论"告诉我们，学习是一个社交过程。教师可以根据自己的经验和知识，给予学生更为专业的建议，与学生一同探讨，使得项目不断深化。

3. 家长参与：连接学校与生活，找到项目的实用价值

家长的参与，则为项目提供了另一个维度的反馈。他们不仅关心学生的学术表现，更注重项目在实际生活中的应用价值。当项目与生活紧密相连，其意义也就更加突出。学生可以从家长的反馈中，更加深入地了解自己项目的实际意义，进而调整和完善。

项目的反馈与互动，正如一座桥梁，连接了学生的学习成果与未来的优化方向。各方的反馈，无疑是这座桥梁上最为宝贵的石料，使其更加坚固、更有指导意义。每一个反馈都是一个学习的机会，每一次互动都是一个深化理解的过程。

（三）"绿色守护者：基于 IoT 的植物养护系统"的项目分享过程设计

1. 项目展示会：多元视角下的项目展示

（1）同班同学分享。组织一个课堂展示，由每个团队轮流向全班展示他们的 IoT 设备、软件功能和特色。这不仅是一个展示的机会，更是一个接受同龄人评价和建议的机会，促使学生从同伴的角度审视自己的项目。

（2）教师与专家点评。邀请学校的科技教师、生物教师，甚至外部的物联网行业专家，为学生提供更为专业的建议，与学生一同探讨，使得项目更具

深度和广度。

2. 家长与社区分享会：连接学校与实际生活

组织一个家长分享会，鼓励学生向家长展示他们的项目成果。这不仅是一个向家长展示学习成果的机会，更是一个从家长的角度了解项目实际应用价值的机会。

与本地社区合作，将学生的项目在社区的公共空间中展示，比如社区图书馆、公园等，从社区居民中收集反馈，了解项目在实际生活中的应用场景和价值。

3. 线上分享：扩大项目的影响力

利用学校网站或社交媒体平台，发布学生的项目视频、照片和报告，邀请校外人士和其他学校的学生、教师进行在线点评和交流。

与其他学校或机构合作，进行线上的项目展示互动活动，促使学生从更广泛的角度了解自己项目的优点和不足，从而进一步完善。

4. 项目反馈与互动环节

在每次展示后，为所有参与者提供反馈表格，鼓励他们写下建议和评价。

为学生提供一个互动平台，如在线论坛或讨论区，鼓励他们与参与者进行深入交流，深化他们对项目的理解，并找到项目的改进方向。

通过上述设计，我们不仅为"绿色守护者：基于 IoT 的植物养护系统"这个项目提供了一个全方位、多角度的分享机会，更为学生提供了一个从多方反馈中学习和成长的宝贵机会。

二、项目评价与反思

（一）来自教师的评价：确保公正、准确且具指导性

在项目化学习的浩渺宇宙中，评价与反思犹如其中的指南针。它们既是对学生学习轨迹的明确标记，也是激发他们深化学习、持续完善的关键动力。为了充分实现评价的多维度价值，教师的评价方法必须涵盖以下三个主要方面：

1. 基于项目成果的评价

我们首先将目光投向学生们骄傲展示的项目成果。教师不仅要仔细审查学生团队呈现的物联网养护设备、系统软件和详尽的用户手册，更要对其创新度、实用性以及技术完善度进行深度挖掘。一个理想的物联网设备，不仅要功

能齐全，还要在用户体验、设计美观性及节能方面达到一定的标准。

2. 基于团队合作情况的评价

我们同样需要关注学生在团队合作中的表现。与其说团队合作是为了完成任务，不如说它是一次检验学生社交技能和团队精神的大考。通过解读学生团队的会议纪要、项目日志及互评信息，教师可以一窥学生在团队中的实际参与度、交流效果以及他们的责任担当。在这样的团队中，我们期望看到明晰的任务划分、无障碍的信息流通以及成员之间相互的鼓励和支持。

3. 基于学科核心素养的评价

这是针对学生在项目中所呈现出的学科核心能力进行评价，是最为关键的评价环节。在这个充满技术魅力的物联网植物养护项目中，学生们是否能够流畅地驾驭物联网技术？他们对于植物养护的知识理解是否深入？面对难题时，他们的应对策略是什么？这一评价维度确保学生不只是完成了项目任务，更是真正吸收并应用了项目背后的学科知识。

通过如此综合而深入的评价，教师能够为学生或团队提供真正有价值的反馈。这样的评价超越了单纯的分数，它是一面明镜，为学生们呈现他们的亮点与不足，激励他们自我反思，持续前行，探索更深层的学习境界。

（二）来自同伴的评价：学生之间的互评

同伴评价作为项目学习评价的一个重要组成部分，具有其独特的价值和意义。与教师评价不同，同伴评价更侧重于学生的实际经验和互动，它反映了学生在项目实践中的真实表现和团队协作情境。

1. 真实性和直观性

同伴之间的互动更加真实和直观。在项目的每一个阶段，从设想、讨论到执行，学生们都在密切的合作中。他们直接见证了每个人的付出、努力和进步。因此，他们的评价往往能够更准确地反映出团队成员的实际贡献和表现。

2. 全面性与深入性

与教师相比，学生们更容易注意到团队中每个成员的细节表现。他们不仅会关注到技术层面的成果，还会注意到沟通、协调和解决问题过程中的点滴。这种细节上的关注使得同伴评价具有更高的全面性和深入性。

3. 互助与成长

同伴评价是一个双向的互助和成长过程。在评价过程中，学生不仅可以了解自己的优点和不足，还可以从他人身上学到有价值的经验和策略。同时，提供评价的学生也会更深入地思考和总结自己的学习过程，从而加深对项目的理解。

但同时，我们也需要注意，同伴评价有时可能受到团队关系、情感因素或其他主观因素的影响。因此，教师需要引导学生写下客观、公正的评价，并结合其他评价方式，以确保评价的准确性和公正性。

总体而言，同伴评价为学生提供了一个从不同角度了解自己、互相学习和共同成长的机会。通过有效的互评，学生可以更全面地了解自己在项目中的表现，更好地发现自己的优点和需要改进的地方，从而在未来的学习中持续进步。

（三）基于自我的反思：深化项目学习体验

项目化学习不仅是一个实践和创新的过程，更是一个深入自我、认知自我、完善自我的过程。其中，自我反思无疑扮演了至关重要的角色，它为学生提供了一个回顾、总结并思考如何进一步完善的机会。

1. 为何自我反思如此重要

每一个学生在项目中的角色和经验都是独一无二的。他们在项目中遭遇的挑战、所做的决策，以及取得的成果，都是他们个人学习旅程中不可复制的片段。基于自我的反思使学生有机会重新审视这些片段，找出其中的规律、意义和价值。

2. 挖掘学习过程中的"金矿"

学习过程中的每一个决策、每一次沟通、每一次实践，都隐藏着宝贵的教训和启示。学生在反思中可能会发现，原来某个被视为"失败"的尝试，实际上为他们指引了一个全新的思考方向，或者某次与团队成员的争执，实际上帮助他们更加明确了团队的目标。这些"金矿"在日常的忙碌和烦琐中容易被忽视，只有在深入的反思中，才能被完整地挖掘出来。

3. 深化学习体验，为未来做准备

自我反思的过程，实际上是一个加强学习体验的过程。学生通过对自身的审视，不仅可以更清晰地看到自己的长处和短处，还可以发现自己真正感兴趣的领域和方向。这不仅有助于他们在当前的项目中做得更好，还为他们未来的学习和职业规划提供了有力的指导。

然而，真正高效的自我反思需要指导和训练。教师应当引导学生从多个角度和层次对自己进行反思，鼓励他们不仅仅关注成果，更要深入过程和方法，从而真正实现自我超越。

基于自我的反思不仅是一个简单的回顾和总结过程，更是一个自我发现、自我成长的过程。在这个过程中，学生将更加深入地理解自己，更加明晰自己的目标和方向，为未来的学习和生活奠定坚实的基础。

三、项目持续迭代

（一）基于反馈的改进：从"听"到"行"，构建持续优化的循环

项目的每一个步骤，每一次输出，都是一个学习的成果，但这不意味着这些成果是终点。反而，每一个项目的结束都标志着另一个开始，即项目的改进和迭代。这样的改进，首要的依据就是来自各方的反馈。

1. 项目分享的反馈：从公众视角看问题

当学生在项目分享环节展示他们的成果，他们不仅得到了一个展示的机会，更重要的是，他们得到了来自听众的实时反馈。这些反馈，无论是肯定还是批评，都是宝贵的。因为它们帮助学生从一个全新的视角来看自己的项目，识别那些他们可能忽视的问题和不足之处。

2. 课程评价的反馈：从教学过程中挖掘成长点

课程评价不仅仅是对学生的评价，更多的是对教学过程、教学方法和教学内容的评价。当学生在课程评价中提出他们的看法和建议，他们实际上是在告诉教师：哪些地方做得好，哪些地方可以改进。这为教师提供了一个调整和优化教学策略的机会，从而更好地满足学生的学习需求。

3. 学生的自我反省：从内心深处寻找答案

学生的自我反省是对项目过程的自我评估，它涉及学生对自己的认识，对团队合作的感受，以及对项目成果的满意度。当学生真正地对自己进行反省，他们不仅能够更好地认识自己，更能够为自己的学习找到更合适的方法和策略。同时，他们的这些反省可以为教师提供一个了解学生内心世界的窗口，从而为教师提供更加个性化的教学支持。

基于反馈的改进是一个持续的过程，它要求我们时刻保持敏锐的觉察力，不断地进行调整和优化。而最重要的是，这一过程需要我们真正地去"听"，去理解每一条反馈背后的含义，然后将这些反馈转化为实际的行动。这样，我们不仅能够不断完善自己的项目，更能够为自己的学习和成长打下坚实的基础。

（二）迭代的策略：持续创新，铸造卓越的学习之旅

在这个日新月异的时代，单纯依赖传统的方法和工具已经难以满足日益增长的教学需求。为了确保项目不断地前进，以及确保学生能够在这个过程中获得最佳的学习体验，我们需要持续地进行迭代，引入更多的新技术、新工具和新教学方法。

1. 引入新技术：赋予项目先进的动力

技术，特别是最新的技术，为项目提供了前所未有的可能性。例如，在"绿色守护者：基于 IoT 的植物养护系统"这个项目中，我们可以考虑引入更先进的传感器技术，使设备更加智能化，或者使用云计算技术，实现数据的远程访问和处理。这样，学生不仅可以学到最前沿的技术知识，还可以看到自己的项目在技术的助力下如何变得更加强大和有趣。

2. 探索新工具：拓展学生的操作边界

新的工具意味着新的操作方式、新的体验。随着各种教育技术工具的不断涌现，我们有了更多的选择来帮助学生更好地完成项目。例如，可以利用虚拟现实技术，让学生进入一个植物的世界，"亲身"体验植物的生长环境和需求。或者利用在线协作工具，让学生可以实时地与团队成员沟通和合作，即使他们身处不同的地方。

3. 采纳新教学方法：深化学生的学习过程

传统的教学方法已经难以满足当前的教育需求。我们需要探索和尝试一些新的教学方法，以适应学生的学习习惯和需求。比如项目化学习、探索式学习、情景模拟等方法，它们都能够激发学生的兴趣，培养学生的主动性，帮助他们更深入地理解和掌握知识。

总的来说，迭代不仅仅是技术上的更新，更是思维上的更新。它要求我们时刻保持开放和好奇的心态，勇于尝试，不断地寻找更好的方法和工具，来提升项目的效果，优化学生的学习体验。只有这样，我们才能真正走在教育的前沿，培养出适应未来的卓越学生。

（三）未来的延续：点燃永恒的求知之火，续写无尽的学习篇章

在教育的旅程中，终点往往成了一个新的起点。项目化学习的最终目标不应该只是完成一个任务或制作一件作品，更重要的是培养学生的终身学习能力，激发他们的探索精神，使他们在学习结束后仍然对项目充满热情，不断地进行研究、改进和应用。

1. 鼓励深度研究：挖掘知识的深渊

学生在项目中所学到的知识和技能只是冰山一角。我们需要鼓励他们深入研究，挖掘更多的知识和信息。例如，在"绿色守护者：基于 IoT 的植物养护系统"这个项目中，学生可以进一步研究植物的生长规律、环境因素对植物的影响等，从而更加全面和深入地理解植物养护的重要性与技术细节。

2. 持续的改进：不断雕琢，追求完美

好的项目总是可以变得更好。我们应该鼓励学生持续地对他们的项目进行改进和优化，无论是从技术层面，还是从实用性、用户体验等方面。这样，学生不仅可以深入地了解项目的每一个细节，还可以培养他们的创新思维和解决问题的能力。

3. 广泛的应用：让知识走入生活，服务社会

知识和技能的最终目标是应用。我们需要教导学生如何将他们在项目中学到的东西应用于真实的生活和工作中，如何将他们的项目变得更加实用和有价值。这样，学生不仅可以看到他们的努力带来的实际效果，还可以为社会作出贡献，实现自己的价值。

学习不应该是一个有始有终的过程，而应该是一个永恒的旅程。只有当学生真正喜欢上学习，愿意在学习结束后继续探索和挑战，我们的教育才真正达到了目的。因此，让我们共同努力，点燃学生心中的求知之火，引导他们走向一个更加广阔、深入的学习世界。

第五节 巧用工具助力项目化学习设计

一、基于单元学历案设计的实用模板

学历案在教育界被誉为一个结构化、系统化的教学设计工具，其深入的内容分析与设计思路为项目化学习提供了坚实的基石。当我们将学历案的精神与项目化学习的特点相结合，便可以构建一个既具体又灵活的教学设计模板。以下是结合单元学历案的项目化学习设计七步法（见图 4 - 3）：

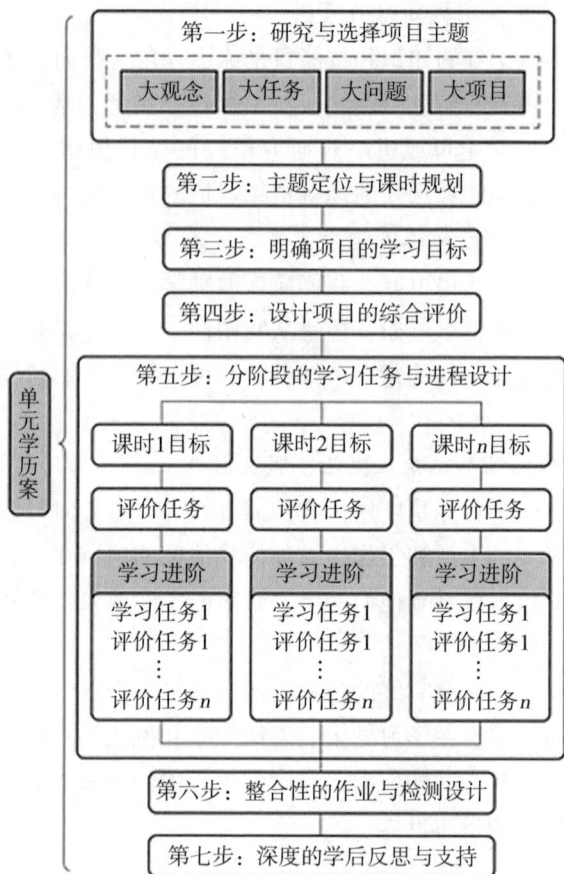

图 4 – 3　单元学历案设计模板

（一）研究与选择项目主题

（1）研读课标与教材。深入理解课程要求，对标学科核心素养。

（2）从大观念到大项目。从大观念、大任务、大问题、大项目中选取合适的方式，确定项目的主要方向和内容。

（二）主题定位与课时规划

（1）主题明确。在所选的大观念或大问题等范畴中，确定具体的项目主题。

（2）课时安排。基于主题，设计整个项目的时间框架，确保每个阶段都有充足的时间进行探究。

(三) 明确项目的学习目标

(1) 参照标准。根据课程标准、教材内容，以及学生的学情确定项目的学习目标。

(2) 实际考量。确保目标既符合教育标准，又具有实际意义，能引导学生进行深入的探索。

(四) 设计项目的综合评价

(1) 基于学习目标。确保评价内容与目标对齐。

(2) 真实情境评价。设计出情境化、综合性的评价任务，让学生能在真实情境下展现所学。

(五) 分阶段的学习任务与进程设计

(1) 目标细化。将项目的总目标分解为各个阶段或课时的小目标。

(2) 连贯的"教—学—评"。确保每一阶段的教学内容、学习任务和评价方法都高度一致。

(六) 整合性的作业与检测设计

(1) 与项目目标相关。确保作业与任务紧密结合，满足项目的学习要求。

(2) 多维度检测。结合传统与现代评价手段，全面考查学生的知识、技能和态度。

(七) 深度的学后反思与支持

(1) 反思引导。鼓励学生对整个项目进行深入的思考，从中获取经验、挑战与成长。

(2) 反思支持。提供各种工具、模板和引导，如反思日志或指导性问题，帮助学生更系统、更深入地进行反思。

通过这七步法，我们能够结合单元学历案的结构性和项目化学习的探究性，为学生创造既有深度又有广度的学习体验。

以下是单元学历案设计模板：

单元学历案设计模板

一、基本情况

课程名称：

项目主题：

对应教材：

设计人员：

二、课标要求（根据新课标中的内容要求、学业要求进行提炼）

三、学习目标（以学生为主体，基于课标、教材和学情，对学习任务进行分解和细化）

四、评价任务（可评可测，评价形式、内容和方法与学习目标相匹配）

五、学法建议（知道本单元在整个学科知识体系中的作用与意义，学生完成学习过程将经历的路径、课程学习中重点或难点的注意事项，课后检测使用的指导意见）

六、学习过程

（一）项目准备

（二）项目学习

第 1 课时　学历案

课时 1 名称：
一、课时目标（依据学习目标进行分解） 1. 目标 1 2. 目标 2 ………… 二、评价任务 1. 完成任务一（指向课时目标 1） 2. 完成任务二（指向课时目标 2） …………
三、学习过程（有利于课时目标的达成、嵌入课时评价任务、体现学习的进阶、有利于学习方式的变革） 热身活动 活动 1： 活动 2： 　　　任务一： 　　　任务二：
四、作业与检测（与目标匹配，分层设计）

（续上表）

五、课堂小结与评价（本节课我有什么收获，解决了什么问题，还有哪些没有学会）

过程性学习评价量表（参考）

素养维度	评价指标	得分				
		1	2	3	4	5
情感态度						
知识与技能						
团队合作						
沟通和展示 （能力表现）						
问题解决能力 （学习成果）						

第 2 课时　学历案

课时 2 名称：

一、课时目标（依据学习目标进行分解）

1. 目标 1

2. 目标 2

…………

二、评价任务

1. 完成任务一（指向课时目标 1）

2. 完成任务二（指向课时目标 2）

…………

三、学习过程（有利于课时目标的达成、嵌入课时评价任务、体现学习的进阶、有利于学习方式的变革）

热身活动

活动 1：

活动 2：

（续上表）

任务一

任务二

四、作业与检测（与目标匹配，分层设计）

五、课堂小结与评价（本节课我有什么收获，解决了什么问题，还有哪些没有学会）

过程性学习评价量表（参考）

素养维度	评价指标	得分				
		1	2	3	4	5
情感态度						
知识与技能						
团队合作						
沟通和展示（能力表现）						
问题解决能力（学习成果）						

二、项目进程时间线设计

对于项目的推进来说，一条清晰、直观的时间线是必不可少的。这样的设计不仅使项目经理和团队成员对关键任务和目标达成日期有明确的认识，而且为整个项目的流程提供了宏观的参照框架。通常，这种时间线可以采用简洁的列表或更直观的图形（如甘特图）进行呈现。

（一）时间线模板概览

时间线模板确保每位参与者都能清楚地了解项目的整体进度、下一步的重点任务以及各项任务的计划完成日期。

项目时间线模板为项目管理提供了一个清晰、有序的视角。它明确地定义了项目的起止时间，细致地列举了主要的任务和活动，并为这些任务设置了明确的开始与完成时间。更进一步，该模板确保每个任务都有指派的责任团队或负责人，保障了执行的连续性和责任明确性。任务间的依赖关系被揭示，确保流程的有序性。此外，模板还突出显示了项目中的关键节点或重要事件，使得所有参与者都能对项目的关键阶段有明确的认知。

（二）模板形式

（1）列表方式。适用于简要地列出任务和时间，通常以表格形式展现。

（2）应用场景。无论项目规模大小、短期或长期，时间线模板都是一个实用的工具。

（三）时间线的价值

时间线在项目管理中担当着至关重要的角色，为团队提供了对项目进展的宏观概览。它不仅确保项目团队对各任务的时间要求有统一的认知，还协助团队在项目初期便发现潜在的延迟，从而实施及时的应对策略。此外，时间线还有助于对资源进行适时的调配和优化，确保项目的高效运行。

表 4-5 呈现的是智能家居项目时间线模板。

表 4-5　智能家居项目时间线模板

任务/活动	责任小组/人	开始日期	结束日期	依赖任务
项目启动与"智能家居"概念介绍	教师	2023-03-01	2023-03-01	无
市场调查，现有智能家居产品分析	市场分析小组	2023-03-02	2023-03-07	项目启动
技术研究：探索智能家居技术	技术研究小组	2023-03-02	2023-03-10	项目启动

（续上表）

任务/活动	责任小组/人	开始日期	结束日期	依赖任务
设计自己的智能家居产品	设计小组	2023 - 03 - 08	2023 - 03 - 18	市场调查
选择工具：选择开源硬件和编程平台	技术研究小组	2023 - 03 - 11	2023 - 03 - 13	技术研究
设计产品：编写代码和测试原型	技术研究小组	2023 - 03 - 14	2023 - 03 - 25	选择工具
制作宣传材料与用户手册	市场推广小组	2023 - 03 - 19	2023 - 03 - 29	设计产品
产品展示与反馈收集	所有小组	2023 - 03 - 30	2023 - 04 - 02	制作材料
对原型进行改进	设计小组	2023 - 04 - 03	2023 - 04 - 08	反馈收集
项目总结与展示	所有小组与教师	2023 - 04 - 09	2023 - 04 - 10	产品改进
反馈与建议收集	教师	2023 - 04 - 11	2023 - 04 - 12	项目展示
项目完结	教师	2023 - 04 - 13	2023 - 04 - 14	反馈收集

另外，使用图形形式（如甘特图），可以提供更直观的方式来显示任务的时间跨度、依赖关系和进度。图形化管理项目的工具很多，下面以 Teambition 平台（平台网址：https：//www. teambition. com/）为例，说明如何管理我们的项目。

用 Teambition 生成的项目时间视图（见图 4 - 4 至图 4 - 6）：

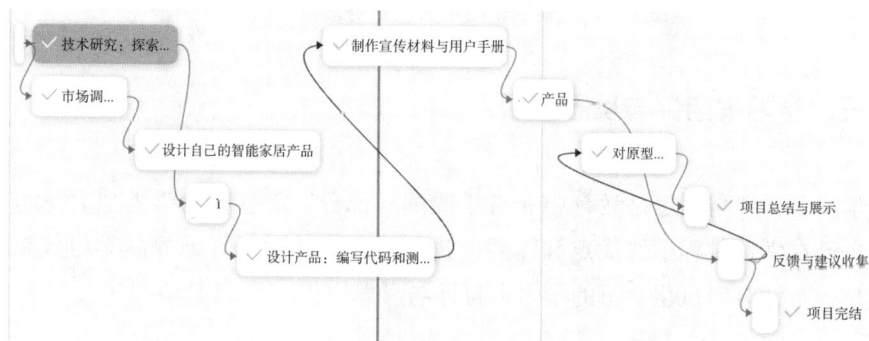

图 4 - 4 "智能家居项目"时间线安排视图

任务按执行者分布

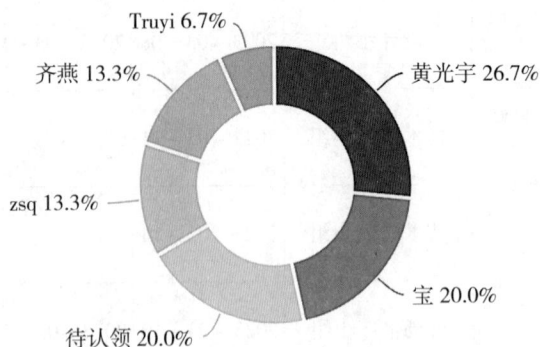

图 4 – 5　"智能家居项目"任务执行者分布图

期间完成的任务

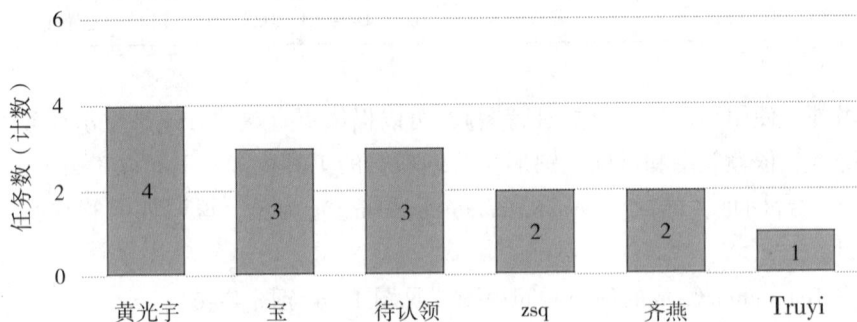

图 4 – 6　"智能家居项目"任务数示意图

三、学习者自评与反思模板

　　学习者自评与反思是教育中非常重要的一部分，能够帮助学生独立思考，了解自己在学习过程中的优点和需要改进的地方，从而更好地提高学习效果。以下是一个针对项目化学习的学习者自评与反思模板。

自评与反思

一、基本信息			
项目名称			
姓名		日期	

二、学习目标与成果

1. 我为这个项目设定的目标是什么？

2. 我完成的成果是什么？

三、自评

1. 我在这个项目中做得最好的部分是什么？

2. 我在哪些方面还需要改进？

3. 我达到了为自己设定的学习目标吗？

□是

□基本是

□还有待改进

（续上表）

四、反思
1. 在这个项目中，我学到了哪些新知识或技能？   2. 在合作过程中，自己的哪些行为是有益的，哪些是需要改进的？ 有益的：   需要改进的：   3. 如果再做这个项目，我会有哪些不同的做法？   4. 我在这个项目中遇到的最大困难是什么？我是如何克服的？ 困难：   解决方法：
五、对于今后的学习，我有哪些建议或计划？

　　此模板旨在引导学生对自己在项目中的表现进行深入的思考和分析，并促使他们根据从中获得的经验制订未来的学习计划。在项目的使用过程中，根据不同的教育环境和项目需求，模板可以进行适当的调整和扩展。

四、项目展示与汇报模板

　　项目展示与汇报是项目学习的最后阶段，学生们需要通过此环节向教师、同学或其他评审者展示自己的工作成果。一个好的展示与汇报模板不仅能够帮助学生清晰、有条理地呈现自己的工作，还能使评审者更容易理解和评估项目的质量。

　　以下是一个简化的项目展示与汇报模板：

项目展示与汇报模板

一、封面页

项目名称：

日期：

学生姓名/团队名称：

二、项目背景与定义

1. 项目的背景介绍

2. 为什么选择这个项目（或研究方向）

3. 项目的目标和预期成果是什么

三、研究与探索

1. 项目初步的研究内容

2. 遇到的主要问题和挑战是什么

3. 如何解决或克服这些问题

四、实施与操作

1. 项目的具体步骤和流程

2. 使用的工具、技术或方法是什么

3. 过程中的关键决策和原因

五、项目结果与成果

1. 项目完成的具体成果（如模型、报告、软件、原型等）

2. 与原始目标和预期目标的对比

六、反思与总结

1. 项目中学到的最重要的知识和技能

2. 如果再次做这个项目，会做出哪些改变

3. 对于未来的学习或项目，有什么建议或打算

七、Q&A 环节

预留时间让评审者或观众提问，并对提问进行回答。

　　这只是一个基础的模板，具体的内容和结构可以根据实际的项目需求、教育环境和学生的水平进行调整。例如，对于水平较高的学生或复杂的项目，可能需要添加更多的细节，如预算、团队管理、风险评估等内容。

五、项目实用工具介绍

（一）Teambition：让工作更简单有效

　　Teambition 在 2013 年由齐俊元创建（见图 4 – 7），目标是为国内市场提供一个与 Trello 和 Asana 等国际知名项目管理工具相似，但更符合国内用户使用习惯的产品。经过多年的发展，Teambition 已经成为我国最受欢迎的项目管理工具之一。

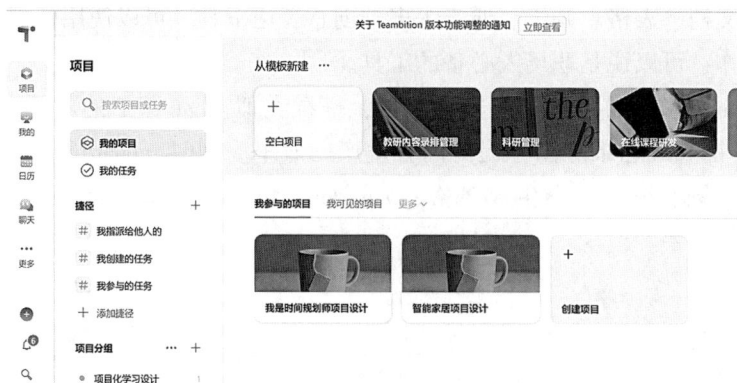

图 4 - 7　Teambition 工作界面

1. Teambition 的核心功能

（1）任务管理。用户可以创建任务，成为任务分配执行者，设置截止日期，追踪任务进度等。

（2）项目时间线（甘特图）。能够为项目创建时间线，更直观地管理项目进度。

（3）文件与资料管理。上传、存储、共享文件，支持版本控制，可以与一些常用的云存储服务进行集成。

（4）日历。查看任务、事件和提醒。

（5）看板。使用看板管理方法，依任务或进度组织任务卡片。

（6）团队聊天与通信。内部聊天功能，支持发送消息、文件和图片。

2. 特点

（1）用户友好。界面直观，容易上手。

（2）高度可定制。根据团队和项目的不同需求，可以定制不同的工作流程。

（3）多平台支持。除了网页版，Teambition 也提供了桌面版和移动应用，便于在不同场合下使用。

3. 应用场景

多种工作场景下都可以使用 Teambition，如软件开发、市场策划、活动组织、教育培训等。

（二）boardmix：全能 AI 绘图软件

boardmix 是一款高效的在线白板工具（见图 4 - 8），集成思维导图、流程图、在线文档、表格、画笔、便笺等多种创意表达工具，可以使用任意工具进行混合创作，可以说是职场人必备的工具。

boardmix 的思维导图功能非常完善，搭载类似 Chat GPT 的对话式语言，支持 AI 一键生成思维导图，提高内容生产的效率。同时，boardmix 支持文本生成思维导图、思维导图生成表格、markdown 语法、模板一键克隆等功能，操作简单易上手。

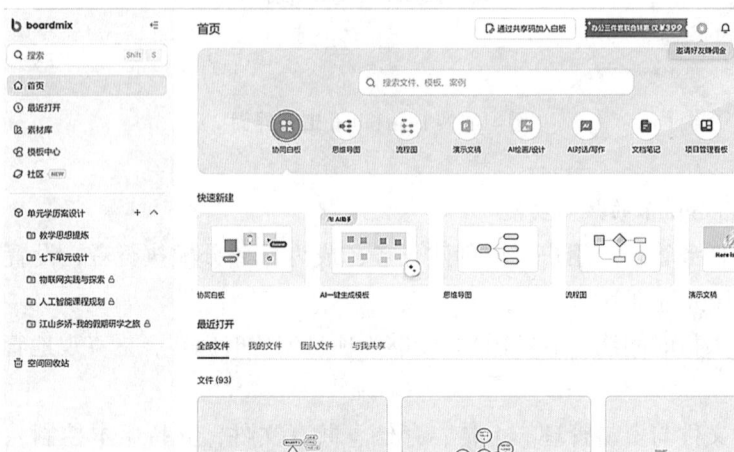

图 4 - 8　boardmix 工作界面

作为基于云端的在线软件，boardmix 无须下载，支持 Windows、macOS、iPad 端、小程序等，没有任何的设备限制，登录 boardmix 官网就可以使用，主要优势如下：

（1）全面的思维导图类型。boardmix 支持多种思维导图类型，如结构图、鱼骨图、时间轴等，能满足不同场景的需求。

（2）云端实时协作。boardmix 只需要点击分享按钮，就可以邀请团队成员共同创造，使用 AI 进行思维发散，还能创建流程图、项目板等可视化内容。

（3）支持多格式导出。boardmix 白板内的内容可自由导出，支持导出成 PNG、JPG、PDF、SVG 等常用格式，支持选择清晰度和导出范围等。

（4）美观的界面设计。boardmix 的界面设计清晰明快，提供更加舒适的操作界面，对"小白"用户来说更容易上手。

（三）UMU 互动学习平台

UMU 是一个互动式的教学和培训平台（见图 4 - 9），广泛应用于教育和培训行业。以下是关于 UMU 的简要介绍：

图 4-8 UMU 工作界面

（1）功能多样。UMU 提供了多种工具和功能，如投票、问答、小测验、任务分配等，满足了各种教学和培训需求。

（2）移动优先。UMU 的设计考虑了移动用户，使其在智能手机和平板电脑上都有良好的用户体验。

（3）线上与线下结合。UMU 不仅支持线上教学和培训，还可以配合线下活动使用，如翻转课堂、线下培训等。

（4）实时反馈。教师可以通过 UMU 实时获取学员的反馈，了解学员的学习进度和理解程度，及时调整教学方法。

（5）数据统计与分析。UMU 提供了详细的数据统计和分析功能，帮助教师了解学员的参与度、完成率等关键指标。

（6）容易集成。UMU 可以与其他系统和工具集成，如 LMS（学习管理系统）等。

（7）国际化。UMU 支持多种语言，可以满足不同国家和地区的需求。

在教育技术领域，UMU 因其丰富的功能和良好的用户体验，受到了广大用户的欢迎。无论是学校、培训机构，还是企业内部培训，UMU 都是一个不错的选择。

第五章　从单一学科到跨学科项目

真正的教育不仅仅是学习一个学科，而是学会如何在不同学科间建立联系。

——达·芬奇

随着教育的不断深化和发展，传统的学科教学已经很难满足现代社会对于学生综合素质的要求。在此背景下，跨学科项目化学习应运而生，不仅打破了学科之间的界限，更是为学生创造了一个全新的学习平台，让他们能够在真实的情境中深入探讨、合作与创新。有研究者指出，跨学科教学应当成为我国课程标准中提出的综合实践活动的实现途径之一①。本章旨在从学科项目化学习出发，深入解析跨学科项目化学习的特点、价值和实施策略，帮助大家更好地理解和应用这一现代教育方法。

第一节　从学科到跨学科项目化学习

一、跨学科项目化学习

跨学科项目化学习作为一种现代教育的创新方法，正越来越受到重视。但要真正理解其含义和价值，我们首先要搞清楚什么是"跨学科"。这不仅仅意味着多个学科的简单组合，而是指在多个学科的交汇点上，发掘与挖掘出深入的、具有挑战性的问题或任务。而在这个过程中，学生被鼓励并需要运用不同学科的知识、方法和技能，来共同找到、提出和创新解决方案。

新的义务教育培养目标要求在"增强综合素质上下功夫"，把"加强课程

---

① 熊梅. 浅谈综合实践活动课程实施的样态特征［J］. 中国教育学刊，2001（3）：54－56.

综合，注重关联"定为基本原则，要求"统筹设计综合课程和跨学科主题学习""开展跨学科主题教学，强化课程协同育人功能"，并进一步要求"各门课程用不少于 10% 的课时设计跨学科主题学习"①。

随着 21 世纪教育模式的变革，我们逐渐意识到单一学科的独立教学在某种程度上限制了学生的全面发展和应用能力。而现实世界的不同之处就在于，你要把所有的知识技能都放在一起来解决一个问题②。为了更好地培养学生的实际应用能力和综合素质，跨学科项目化学习应运而生，其理论基础在于如何有效地整合各学科的知识，使学生能够在面对复杂问题时，灵活运用和转移所学。跨学科项目化学习的特点如下：

1. 跨学科性

在传统的教育模式中，每一个学科往往是一个相对独立的体系，各自有自己的知识结构和方法论。然而，真实世界的问题往往是多元的，需要综合各种知识来解决。跨学科性不是简单地把各个学科的知识堆叠在一起，而是要深入探讨各学科之间的内在联系，找到一个共同的切入点。这需要教师具备广泛的知识结构和跨学科的思维模式。

2. 综合性

这是跨学科项目化学习的核心特点之一。它要求学生不仅要学会收集和整合来自不同学科的知识，还要学会如何在实际操作中灵活运用。这不仅能够锻炼学生的知识整合能力，还可以提高他们的创新和应用能力。例如，在"基于 AIoT 的电动车安全驾驶监管系统"项目中，学生需要综合运用数学、物理、计算机科学和社会学的知识，这种综合性体验对于培养学生的实际操作能力至关重要。

3. 真实性

与传统的课堂教学相比，跨学科项目化学习更注重实际应用。它通常是基于真实世界的问题或情境，这使得学生在学习过程中能够更加直观地理解知识的价值。真实性的教学情境为学生提供了一个仿真的平台，使他们能够在实践中检验和修正自己的知识结构。这种真实的学习体验可以极大地提高学生的学习动机和参与度。

跨学科项目化学习不仅仅是一种新的教育模式，更是一种教育理念的变

---

① 中华人民共和国教育部. 义务教育课程方案（2022 年版）［M］. 北京：北京师范大学出版社，2022：2 – 11.

② 杜文彬，刘登珲. 美国整合式 STEM 教育的发展历程与实施策略：与 Carla Johnson 教授的对话［J］. 全球教育展望，2019，48（10）：3 – 12.

革。它要求我们重新审视和整合传统的学科知识，为学生提供一个更加开放、综合和实际的学习平台。尤其是要从简单的跨学科知识技能拼盘，转向问题解决的跨学科知识技能整合和价值关切，重视培养学生在真实情境中综合运用相关学科知识解决问题的能力，培养学生整体的世界观，促进完整的人的发展。[①]

下面以"基于 AIoT 的电动车安全驾驶监管系统"项目为例，在这个项目中，学生需要从多个学科的角度考虑如何利用人工智能技术来监管电动车的安全驾驶。

1. 问题背景

电动车交通事故逐渐增多，如何通过技术手段提高驾驶的安全性成为当务之急。

2. 学科融合

（1）技术与计算机科学。

学生需要对人工智能、图像识别、数据分析等核心技术进行深入理解，从而设计出有效的监测系统。

（2）社会学与人类学。

学生需要研究电动车在现代社会的角色、与城市交通的互动模式，以及驾驶者的行为和心理模式。

（3）伦理学与哲学。

在技术介入的背景下，如何平衡公共安全与个人隐私，如何确保技术公正地应用于所有群体，都是学生需要深入探讨的问题。

3. 结论

通过跨学科项目化学习，学生不仅能够对特定学科的知识有更深入的理解，而且能够看到不同学科之间的联系，培养他们的综合性思考和解决问题的能力。

二、跨学科项目化学习与学科项目化学习的主要差异

学科项目化学习与跨学科项目化学习均基于项目中心的教育方法，它们关注真实世界的问题解决，鼓励学生发展创新和批判性思维。然而，它们在方法、目标和应用上有明显的差异。

---

① 吴刚平．跨学科主题学习的意义与设计思路［J］．课程·教材·教法，2022，42（9）：53-55.

（一）定义与焦点的精准锚定

传统上，学科教育的分割为我们提供了一个明确而有序的方式来组织和传递知识。然而，随着社会的发展和技术的进步，我们越来越认识到许多现实世界的问题并不受单一学科的限制。这促使我们思考：如何在教育实践中为学生提供更加综合、全面的学习体验？学科项目化学习和跨学科项目化学习在这方面为我们提供了两种不同的途径。

1. 学科项目化学习的核心焦点

这种模式是基于单一学科的深度探索。它的目标是让学生充分理解并掌握某一学科的核心概念、方法和问题解决技巧。在这个框架下，学生被鼓励钻研、探索、实践，以此深化对特定学科的认识。例如，当我们讨论物理学时，学生可能会深入探索引力、能量和运动等概念，以更好地理解其背后的原理。通过研究摩擦力如何影响运动物体的速度，学生能够将理论知识与实际情境相结合，更深刻地理解物理学的应用价值。

2. 跨学科项目化学习的核心焦点

多位学者认为，核心素养有学科素养和跨学科素养之分①，两类素养互为补充，构成支撑学生发展的整体素养框架。美国哈佛大学曼西利亚（Mansilla V. B.）等认为，"跨学科素养是面对超越单一学科范畴的复杂问题时，整合两门或多门学科知识、方法以促进认知发展的能力"②。这要求我们超越单一学科的界限，将多个学科的知识、技能和方法整合在一起。它的核心不仅仅是知识的累积，更重要的是如何将不同学科的知识融合在一起，解决实际问题。在"基于 AIoT 的电动车安全驾驶监管系统"这一项目中，学生需要将数学的逻辑推理、物理的动力学原理、计算机科学的编程技能和社会学的社会规范理论结合起来，共同构建一个综合性的解决方案。这不仅锻炼了学生的知识整合能力，还帮助他们培养跨学科的思维模式。

无论是学科项目化学习还是跨学科项目化学习，其背后的目标都是为学生提供丰富、深入的学习体验。但是，两者在实施方式、焦点和方法上有所不同，为教师和学生提供了更加灵活多样的选择。

---

① 邵朝友，徐立蒙. 跨学科素养评价：欧盟成员国的经验与启示 [J]. 教育发展研究，2018，38（6）：48－53.

② 宋歌，王祖浩. 国际科学教育中的跨学科素养：背景、定位与研究进展 [J]. 全球教育展望，2019，48（10）：28－43.

（二）思维模式的转变与重塑

在传统的教学模式中，每个学科都有其固定的范畴和边界，学生往往被引导在这些框架内进行学习和思考。但随着现代社会的发展，许多实际问题都不再局限于单一学科，而是需要多学科综合配合来解决。这就需要我们对学生的思维模式进行培养和指导，帮助他们从孤立的、线性的思维方式转变为综合的、网络化的思维方式。

1. 学科项目化学习的思维模式

学科项目化学习注重深度，鼓励学生在特定学科领域内深入钻研，追求精深的专业知识。它强调的是对某一领域的透彻理解和深入应用。这种学习方式能够帮助学生在某一领域形成坚实的基础，培养其深入探索的习惯和研究能力。例如，学生在学习物理时，可能需要深入研究某一物理现象，理解其背后的原理和规律。

2. 跨学科项目化学习的思维模式

相对于学科项目化学习的纵深探索，跨学科项目化学习更注重广度，强调的是不同学科之间的交叉和融合。在这种学习模式下，学生被鼓励跳出单一学科的框架，从多个学科的角度看待一个问题，寻找不同学科之间的联系和规律。例如，在"基于 AIoT 的电动车安全驾驶监管系统"项目中，学生不仅需要掌握数学和计算机科学的知识，还要结合物理学、社会学等多学科的知识，形成一个全面、综合的解决方案。

这种思维模式的转变并不是一蹴而就的，它需要教师的引导和学生的实践。但一旦学生形成了这种跨学科的思维模式，他们就能够更加灵活、全面地看待问题，更好地应对现代社会的挑战。

（三）二者与现实世界的联系

1. 学科项目化学习与现实世界的联系

学科项目化学习可能与现实世界相对孤立，因为其探索范围通常限于单一学科。然而，它提供了深入了解特定领域知识的机会。

2. 跨学科项目化学习与现实世界的联系

跨学科项目化学习更紧密地联系现实世界，因为大多数现实问题都不仅仅局限于一个学科。例如，电动车的安全问题并不只是工程或技术问题，它还涉及法律、伦理和社会问题。

表 5-1 是学科项目化学习与跨学科项目化学习的对比：

表 5 - 1　学科项目化学习与跨学科项目化学习的对比

特点/方法	学科项目化学习	跨学科项目化学习
核心焦点	单一学科的核心内容	多个学科的交叉和整合
思维模式	纵深思维	宽广思维
主要优势	知识纵深，培养对特定学科的兴趣	综合应用，培养跨学科思维和创新能力
目标定位	针对特定学科的核心知识和技能	培养整体素养、创新思维，解决复杂问题
应用范围	较为局限，通常限于特定学科	广泛，接近真实世界的问题，跨学科融合
与现实世界的联系	可能较为孤立	更紧密，因为许多现实问题都是跨学科的

三、跨学科项目化学习的重要性

当今社会，我们面临的挑战越来越复杂。每一个问题背后都隐藏着多重因素，需要我们具备综合的分析能力和广阔的知识视野。跨学科项目化学习应运而生，其价值和重要性不容忽视。

(一) 真实世界的镜像

我们生活的世界是多元、复杂的，充满了种种问题和挑战。这些问题往往不是简单地被局限在某一学科内部，而是交叉、重叠的。"基于 AIoT 的电动车安全驾驶监管系统"项目，正是这种复杂性的写照。技术实现只是冰山一角，它涉及的交通法规需要学生对法学有所了解；对于人的行为习惯，心理学和社会学的知识成为解读的钥匙；关于社会安全，则需要对公共管理和相关政策有深入的理解。通过这样的学习，学生将形成更真实、全面的世界观。

(二) 开启多元思维的大门

跨学科学习不仅仅是知识的传输，更是思维方式的塑造。面对一个问题，学生被教导从多个角度看待，从而培养出多元、灵活的思维习惯。这意味着他们能够自如地在不同的思维模式和方法论之间切换，进而发掘出更多的解决方案和创新点。

(三) 面向未来的技能准备

在这个快速变化的时代，能够适应、学习和跨领域工作的能力越来越受到重视。无论是人工智能、生物技术还是可持续发展，我们都需要集思广益，跨界合作。跨学科项目化学习为学生们提供了这样的实践机会，使他们更早地为未来的职业生涯和生活做好准备。

（四）提升学习的吸引力

对于学生而言，与其在课堂上听一堂抽象、枯燥的课，不如亲自动手实践、探索。跨学科的项目，因其真实性和实用性，常常能够引起学生的浓厚兴趣。他们在实践中体验挑战，找到问题，然后又投入解决问题的过程中。这种学习方式既能够培养学生的实际操作能力，又能增强他们对学习的热情和动机。

（五）培养跨界合作的能力

在今天的工作环境中，单打独斗已经不再是主流，跨领域的团队合作成为解决复杂问题的关键。程序员和设计师需要互相理解和补充；市场营销人员也要和技术团队进行沟通。跨学科项目化学习为学生提供了这种合作的先行经验，使他们更早地理解和掌握跨界合作的重要性。

（六）构建立体的知识体系

在跨学科项目中，各种知识得到了有效的整合和应用，知识不再是孤立、碎片化的。数学可能与艺术产生交集，历史可能与科技产生联系……这使得学生们能够构建一个立体、多元且互为补充的知识体系，进而为他们的未来学习和生活打下坚实的基础。

基于此，跨学科项目化学习不仅丰富了学生的学习体验，也使他们树立了更宽广的世界观，帮助他们更好地应对未来的挑战。

第二节　跨学科项目学习的设计

跨学科项目学习的设计要紧紧围绕素养发展这一主线①，它是一项颇具挑战性的任务，但不是无迹可寻的。根据实践和研究，我们可以归纳出以下几个

---

① 詹泽慧，季瑜，赖雨彤. 新课标导向下跨学科主题学习如何开展：基本思路与操作模型 [J]. 现代远程教育研究，2023，35（1）：49 - 58.

关键的设计原则，以确保跨学科项目既具有教育意义，又能提升学生的参与度和兴趣。

一、选择合适的学科与内容

跨学科项目化学习不仅仅是简单地将多个学科的内容结合在一起，要实现真正有意义的融合，首先需要选择合适的学科与内容。以下是一些关键标准，帮助我们进行这一关键选择。

（一）互补性

互补性是跨学科项目成功的关键。每一个学科都应该在项目中起到独特的、不可或缺的作用。这种角色定义确保了每一个学科都有其存在的意义和价值。就拿"基于 AIoT 的电动车安全驾驶监管系统"来说，没有计算机科学的技术支持，项目无法实现；而缺乏交通工程学的应用知识，项目又失去了其真实意义。因此，确保各学科之间的互补性，是保证项目完整性和成功的关键。

（二）与真实世界的联系

学生往往更容易对与他们日常生活有关的话题产生兴趣。将学习与真实世界的问题或情境相结合，可以增强学生的学习动机，让他们更加投入。例如，当讨论气候变化时，通过研究当地的天气变化和环境影响，可以使得这个全球性话题更具现实感。

（三）深度与广度

在跨学科学习中，深度与广度之间的平衡至关重要。过于追求广度可能会导致学科内容变得浅显，而过于追求深度又可能导致项目内容变得狭窄。教师应该努力确保对每个参与的学科都有深入的研究，同时能广泛地涵盖相关的主题。

（四）学生的兴趣与需求

学生的兴趣和需求是项目成功的另一个关键因素。教师应该与学生进行深入的交流，了解他们对哪些话题感兴趣，想要解决哪些问题。这不仅可以提高学生的参与度，还可以确保项目的内容更为贴近学生的实际需求。

（五）资源的可用性

资源是项目顺利进行的基础。不仅仅是物质资源，如实验工具、教学材料，还包括非物质资源，如时间、外部专家的支持等。选择那些能够充分利用已有资源的学科和内容，可以为项目的成功提供坚实的基础。

（六）可评估性

为了确保教育目标的实现，教师需要能够评估学生的学习进展，这意味着所选择的学科和内容应该有明确的、可度量的评估标准。这样，教师可以更有效地监督学生的学习进度，及时调整教学策略，确保学生能够达到预期的学习目标。

可以说，选择合适的学科与内容是跨学科项目化学习的第一步，也是至关重要的一步。它将决定项目的方向，影响学生的参与度，并最终决定项目的成功与否。

二、确保跨学科整合的真实性与连贯性

在设计跨学科项目时，单纯地将多个学科的内容并置是远远不够的。项目的核心是确保各学科之间的真实性与连贯性。这样，不仅可以确保学生从各学科中获得深入的学习体验，还能保证他们能够看到并理解不同学科之间的联系。

（一）真实性

真实性问题情境的本质特征是"真实性"而不是"真实"[①]。格兰特·威金斯提出了真实性问题情境的三个特点，即具有现实的意义、具有复杂的情境脉络、具有开放的学习环境[②]。在跨学科项目设计中，真实性是不可或缺的要素。首先，项目应该围绕真实世界中的问题或挑战来构建。以"基于 AIoT 的电动车安全驾驶监管系统"项目为例，其核心议题是如何运用技术手段提升道路上的安全性，这也是现实中广大公众所关注的问题。进一步说，除了理论

---

① 刘徽. 真实性问题情境的设计研究 [J]. 全球教育展望, 2021, 50 (11): 26–44.
② 威金斯, 麦克泰格. 追求理解的教学设计（第二版）[M]. 闫寒冰, 宋雪莲, 赖平, 译. 上海: 华东师范大学出版社, 2017: 19–20, 50.

知识的学习，项目还应注重实际应用。鼓励学生不仅仅满足于探讨，而是真正地思考如何将这些理论知识应用于实际生活中。在上述案例中，学生可能会被要求设计一个系统原型或进行实地测试，以确保他们的解决方案在真实环境下也是行之有效的。

（二）连贯性

在跨学科项目中，互动融合是关键。这意味着不同学科的内容应当以一种自然且有机的方式交织在一起。以"基于 AIoT 的电动车安全驾驶监管系统"为例，计算机科学中的编程和数据分析知识与交通工程中的交通规则和车辆行为理论应紧密结合起来，从而共同服务于项目的核心目标——利用 AI 技术提高电动车的驾驶安全性。虽然涉及多个学科，但它们必须有一个明确的共同目标。为了确保各学科内容的深入探讨，学生间的持续对话与讨论在项目中也是不可或缺的。最后，项目的结束并不意味着学习的结束。教师和学生应共同反思和评价项目过程和成果，确保学科整合的效果达标，同时为未来的项目积累宝贵经验。

确保真实性和连贯性是跨学科项目化学习的关键，其不仅确保学生获得全面的学习体验，还帮助他们建立跨学科的思维模式，为未来的学习和工作打下坚实的基础。

三、从学科项目化学习到跨学科项目化学习的过渡

随着教育界对 21 世纪技能和综合素养的日益重视，跨学科项目化学习逐渐受到关注。但如何从传统的学科项目化学习过渡到跨学科项目化学习，使学生和教师都能轻松适应并从中受益，是一个值得探讨的问题。

（一）确立明确的跨学科目标与价值观

跨学科学习不仅关注知识的传递，还重视如何在不同学科之间建立联系，促进学生的综合思考和问题解决能力。教师应该首先明确跨学科学习的核心价值，如促进创新思维、培养团队合作能力、提高真实世界的问题解决技巧等。确定这些价值观后，学校或教育机构应根据这些方向制定具体的教学目标，确保每一次的教学活动都与这些目标相符。

（二）循序渐进地实施

跨学科学习需要学生拥有在不同学科之间转移和应用知识的能力，这需要时间来培养。开始时，可以设计一些简单的跨学科项目，让学生逐渐适应这种学习模式。随着时间的推移，项目可以变得更加复杂、涉及的学科也更多。这样，学生可以在实践中不断积累经验，逐渐掌握跨学科学习的技巧。

（三）提供跨学科教育培训

教师在进行跨学科教学时可能会遇到许多挑战，如如何确保每个学科都得到足够的关注、如何评估学生的综合能力等。因此，学校或教育机构应提供专门的跨学科教育培训，帮助教师掌握相关的教学方法和技巧。这些培训可以邀请经验丰富的跨学科教育专家来进行，确保教师能够从中受益。

（四）鼓励学生参与

学生是跨学科学习的主体，他们的参与是项目成功的关键。要鼓励学生在项目的各个阶段都积极参与，就必须激发学生的学习动机。动机是如何维持的？布鲁纳指出，单靠好奇心是远远不够的，因为好奇心往往是"短暂、表面和易变的"，为此，他提出了"胜任力"（competence）的概念，这种胜任力常常在与环境互动的过程中产生，特别是当学生面对充满不确定性的情境，完成了一个具有挑战性的真实性任务时，会感到由衷的满足和自信，促使他们去挑战下一个任务[1]。比如，选择研究主题、制订研究计划、收集数据等。这样，学生可以更加深入地理解跨学科学习的意义，同时增强他们的学习动机。

（五）反思与持续改进

每一个跨学科项目都是一个学习的过程，不仅仅是对学生，对教师也是如此。项目结束后，应组织教师和学生进行反思，总结经验和教训，找出项目中的不足，为下一次的项目提供参考。通过持续的改进，可以确保跨学科学习不断前进，更好地满足学生和社会的需求。

从学科项目化学习到跨学科项目化学习的过渡并不是一蹴而就的，需要明确的目标、充分的准备和持续的努力。只有这样，跨学科项目化学习才能真正

① 布鲁纳. 布鲁纳教育论著选 [M]. 邵瑞珍，张渭城，译. 北京：人民教育出版社，1989：208－212.

为学生提供综合、深入的学习体验，帮助他们更好地应对未来的挑战。

第三节　跨学科项目化教学面对的挑战与应对策略

作为课堂教学新形态，跨学科主题教学是新课程改革笃行实干的落脚点，与三级课程整体建设、学生学习方式变革一起成为新课程改革的三大成果①。

一、开展跨学科项目化教学面对的现实挑战

在实践中，一线教师在尝试实施跨学科项目化学习时都会面临一些挑战。这些挑战主要来自不同学科之间的整合。以下是具体的障碍和挑战：

（一）知识体系的碎片化

传统的学科教育方式长久以来都在强调各学科的独立性和专业性，使得学生在接受教育的过程中，经常会将每一个学科视为一个孤立的"岛屿"，很难发现它们之间的联系和互补性。跨学科教学中的异质性知识耦合具有碎片化知识的外在表征，那些被教师纳入课堂教学的其他学科知识从原本完整的知识体系中剥离出来，容易造成人为的割裂现象，使学生获得的只是零散的、刻板的、悬浮化的知识信息②。这种知识体系的碎片化容易让学生陷入一个误区，即认为每个学科都是完全独立的，与其他学科没有太多的关联。

这样的学习方式导致学生在学习过程中很难将不同学科的知识整合起来，为解决现实生活中的问题提供一个全面的视角。例如，当学生在地理课上学到气候变化时，他们可能很难将其与化学中的温室效应或生物中的生态系统关联起来。这种隔离的学习方式不仅限制了学生的思维深度，而且也影响了他们的创新能力和解决问题的能力。

（二）教材和课程设置的限制

大多数学校所采用的教材和课程都是基于传统的学科分类来设计的。这些

---

① 江峰. 跨学科主题教学的困境与挑战［J］. 中国德育，2015（2）：26－29.
② 谢坤. 教师在跨学科教学中的异质性知识耦合探讨［J］. 教育理论与实践，2017，37（32）：36－38.

教材和课程的目标是确保学生能够在特定的学科中掌握必要的知识和技能，而不是促进他们跨学科地思考和学习。

由于这种设计方式，教师在实施跨学科学习时往往会面临很多困难。长期形成的学科分立的课程思维在教师实施跨学科主题教学时占据主导，教师们往往不善于进行部分和整体之间的连接工作，在日常教学实践中将各个学科知识"生搬硬凑"，缝合成"拼盘化"的跨学科主题教学①。例如，教师可能发现，为了将两个或多个学科的内容整合在一起，他们需要对现有的教材进行大量的修改，甚至可能需要重新设计课程和教学活动。这不仅需要教师投入大量的时间和精力，而且也需要他们具备跨学科的教学能力和知识背景。

（三）评价体系的不适应

我国教学评价可以分为三个阶段：从"选拔为先"的传统教学评价、"发展导向"的现代教学评价走向"素养为重"的当代教学评价②。长久以来，传统的评价体系始终聚焦于学生在某一学科内的知识掌握情况，而忽视了跨学科之间的整合与应用。比如，历史与数学之间的关联，或者生物与化学之间的融合，常常被传统评价所忽视。这种评价方式会导致教师和学生过于追求单一学科的深度，而忽略广度与跨学科的联系。

此外，缺乏对跨学科能力的评价工具也是一个实质性问题。当前教师在开展跨学科主题教学的过程中，仍然以知识性考核为主，评价"量"简单易行，而评价"质"却困难重重③。如何量化并评价学生在跨学科项目中的表现，如何确保评价的公正性和有效性，都是教师需要面临的挑战。这种情境下，即便学生在跨学科学习中取得了很好的表现，也可能因为评价体系的局限性而得不到应有的认可。

（四）资源和时间的限制

实施跨学科项目化学习往往意味着需要更加精细化的规划和更多的资源支持。与传统的学科教学相比，跨学科学习往往涉及多个学科的内容，这就需要教师们投入更多的时间来设计、规划和整合课程内容，而在现有的教育系统

---

① 田娟，孙振东. 跨学科教学的误区及理性回归 ［J］. 中国教育学刊，2019 （4）：63－67.

② 朱丽. 从"选拔为先"到"素养为重"：中国教学评价改革 40 年 ［J］. 全球教育展望，2018 （8）：37－47.

③ 谢雨婷，徐芷珊，左璜. 教师开展跨学科主题教学遭遇的思维挑战与应对策略 ［J］. 课程教学研究，2023 （3）：88－93.

中，学科的课时往往是有限的。此外，实践活动、实地考察或其他与项目相关的学习经验通常也需要额外的预算支持。

如何在有限的资源下保证跨学科项目化学习的顺利进行，是每个学校和教师都需要面临的挑战。这可能需要学校进行资源再配置，或寻找外部资金支持，如企业赞助、社区合作等。

（五）沟通与合作的困难

在跨学科项目中，教师之间的合作尤为重要。然而，由于各学科的背景、教学风格和理念的差异，教师之间的沟通和协调变得尤为困难。例如，数学老师可能更加强调逻辑思维和严谨性，而艺术学科的老师则可能更加注重创意和表达。当这两种教学风格和理念相碰撞时，可能会产生冲突和误解。

为了克服这些困难，教师需要建立有效的沟通机制，定期进行交流和磋商。这不仅仅是为了解决教学上的问题，更是为了共同塑造一个有利于学生成长的跨学科学习环境。此外，学校和教育管理部门也可以提供相关的培训和支持，如组织跨学科教学研讨会、提供合作教学的平台等，来促进教师之间的合作与沟通。

总体而言，推进跨学科项目化学习，既是一种教育理念的创新，也是对教育实践的挑战。只有通过综合考虑和解决上述挑战，才能确保跨学科学习的有效实施，从而培养出具备跨学科思维的学生。

二、开展跨学科项目化教学的策略

（一）提升教育视野，掌握跨学科融合

随着社会的日益发展和知识的爆炸性增长，传统的教学方式和内容已经难以满足现代学生的学习需求。跨学科融合教学已经成为教育领域的新方向，但要真正实现这一转变，首先需要对教师进行系统的培训和指导。

1. 教师培训的重要性

教师教学思维关乎教师对于教学活动及其本质的认知，直接影响其教学质量与成效[①]。传统的教育方式往往固守着学科的边界，而跨学科融合则要求教师跳出这些界限，寻找各学科之间的共同点和联系，为学生提供一个更加完

---

① 杨莹莹. 教师教学思维的本质、立场与超越［J］. 教育研究与实验，2021（1）：55-62.

整、系统的知识体系。这不仅需要教师具备深厚的学科知识，还需要他们掌握整合、教授的方法。因此，加强教师培训成为首要任务。

2. 定期的学习与更新

新课标的内容和方法在不断演变，为保持教师的教学质量和与时俱进的思维，学校和教育机构需要定期组织教师学习新的教学内容和要求。这样的学习不仅能保持教师的专业性，还能激发他们的教学热情和创新意识。

3. 掌握多学科内容的整合方法

教师在培训中不仅要学习新的知识和技能，还要掌握如何整合多学科的内容。这包括如何选择适合的教学内容，如何设计跨学科的教学活动，以及如何评估学生的学习成果。这种整合不仅能够提高学生的学习效果，还能帮助他们更好地理解和应用知识。

要实现跨学科融合的教学目标，首先需要从教师培训做起，确保每一位教师都能掌握和运用这种新的教学方法，为学生提供全面、深入的学习体验。

（二）团队协同发力，破壁融汇共进

在教育领域，跨学科教学不仅仅是某一位教师努力的结果，而是需要团队的整体协作。在这一过程中，建立起一支专门负责跨学科项目的团队是至关重要的，它将为这种新型的教育模式提供稳定的支持与推动力。

跨学科项目化课程的开发呼唤不同学科的专家集结于一堂，以他们的专业知识为武器，共同制定一个既综合又具有针对性的课程。这种课程设计不仅更容易激发学生的学习兴趣，而且有助于培养学生跨学科的思维模式。为此，强调团队之间的交流与协作显得至关重要。通过组织团队建设活动，教师们可以更深入地了解和信任彼此，这对于项目的顺利开发和沟通至关重要。除此之外，提供跨学科教育培训也是团队建设的重要策略，培训可以确保团队每个成员都能紧跟时代步伐，掌握最新的教育理念与方法。

此外，跨学科研讨会为教师提供了一个宝贵的平台，让他们能分享在教学中的经验和所面临的挑战，并从同行身上学习新的教学方法和思路。定期的研讨会不仅有助于教师知识和经验的交流，更可以激发他们的创新精神，鼓励他们勇于尝试和实践新的教育方法和技巧。

在实际操作中，明确的分工和协作对于项目的成功推进至关重要。每位参与项目的教师都有自己的专长和责任。当我们明确每个人的角色和任务时，不仅可以保证项目的稳步前进，还有助于强化团队的内部凝聚力，让每个成员都深感自己在团队中的不可或缺。

（三）建立生成性评价思维，走向科学育人

在面向 21 世纪的教育革命中，跨学科教学逐渐成为新的教育趋势，而为这一趋势提供支持与指导的评价体系也随之受到了广大教师的关注。评价体系在教学中的重要性不言而喻，它不仅直接影响学生的学习态度和成果，还关乎整个教育体系的健康与进步。

我们需要认识到，传统的评价方式可能并不完全适用于跨学科教学。因此，与学术界和实践界的合作显得尤为关键，其可以为我们提供宝贵的意见和建议，有助于我们制定出更为合理和全面的评价标准。这些标准不仅要确保学生的知识掌握和技能提高，更要关注学生的综合素质、创新思维和实践能力的培养。

为了更好地实施这一评价体系，对教师和评价者的培训显得尤为重要。我们应该为他们提供充足的机会，让他们了解并掌握跨学科评价的方法和技巧。例如，除了常规的测试和作业评价外，我们还可以引入项目评估、小组讨论、学生自评和同伴评价等方式。这些评价方式旨在从多个维度全面了解学生的学习情况，更有利于发掘学生的潜能，并为他们提供更为具体和针对的反馈。

我们可以来看一个具体的案例——如何对"智能健康监测应用"项目开展评价。

1. 项目名称：智能健康监测应用

涉及学科：计算机科学（应用开发和数据处理）、生物学（理解人体生理参数）、数学（数据分析和算法设计）、设计（用户界面和体验设计）。

2. 项目描述

学生以小组为单位，每个小组需要为市民开发一个智能健康监测应用。该应用能够实时监控并分析用户的生理参数（如心率、血压等），并在异常时给出提示。同时，应用还需要具有友好的用户界面和优良的用户体验。

3. 评价方式

（1）过程性评价。

①观察项目进行过程。

教师和评价者可以在项目过程中观察学生的团队协作、问题解决、创新和批判性思维能力情况。例如，观察学生如何应对应用开发中的问题，他们是否能够有效地协作等。

②检查工作日志/进度报告。

要求团队定期提交工作日志或进度报告，以此来评估他们的项目管理能力

和学习过程。

（2）终结性评价。

①项目演示。

团队需要进行项目成果的演示，展示他们所设计的应用的功能和特点。这不仅是对学生技术能力的评价，还可以看出他们的沟通和表达能力。

②应用测试。

邀请外部用户或其他团队进行应用测试，收集他们的反馈。这样，可以客观地评价应用的实际效果和学生的应用开发水平。

（3）多元评价。

①同行评价。

让其他学生对此团队的项目进行评价，这样可以获得多方面的反馈，并促进学生之间的互相学习。

②自我评价。

鼓励团队对自己的项目进行自评，反思他们的长处和需要改进的地方。

③评估问卷。

设计评估问卷，集中对应用的功能、用户体验、界面设计等方面进行评价。

（4）实际应用价值评价。

①实际场景测试。

在真实场景中测试该应用的效果，如在学校体育课或健身房中使用，评价其实际应用价值。

②专家评审。

邀请计算机、生物学、数学和设计等领域的专家进行评价，从专业角度对学生的项目进行评审。

（5）面试或答辩。

针对学生的项目，教师或评价者可以提出具体问题，了解学生在项目中的具体贡献和他们对所使用技术或方法的理解。

通过上述评价手段和措施，不仅可以全面、深入地了解学生在项目中的表现，还可以有效地指导学生在后续的学习和实践中进行改进。

最后，我们要意识到，评价只是改进跨学科主题教学的手段而非目的，其最终指向是学生的发展与幸福，"通过学习，儿童获得理性与感性、知识与能力、态度与价值等人类一切美好品质，进而提高自我认知水平和自我实践能力，实现对意义更加深入彻底的诠释与建构"①。它需要我们长期的努力和不断的实践。但只要我们坚持下去，相信这样的评价体系必将为我们走向真正的科学育人提供强大的支撑。

（四）合理配置资源，充分释放潜能

在跨学科项目化教学中，如何高效地利用有限的时间和资源，成为学校和一线教师关注的焦点。在国家课程标准的基础上，把握学科核心概念，构建跨学科知识网络，设置驱动性问题引发跨界学习行为，设计多维度实践，采用渗透表现性评价等措施，加强学科之间的横向和纵向联系，切实提高学生的核心素养和问题解决能力，推动跨学科项目化学习的本土化发展②。

面对这一挑战，学校在整体时间表的规划上开始进行深度调整，不仅仅局限于单纯的课程时间的变更，更是对学生每一个学习阶段进行精心设计。例如，专门为跨学科项目设定时间块，这样做的好处是双重的，在确保了学生有充分的时间深入研究各学科间的联系的同时，提供了一个有益的环境，鼓励学生独立研究和进行团队合作。

然而，仅有时间上的调整并不足够，资源的高效配置和整合也至关重要。从物理到化学，再到信息科技的支持，诸如此类的跨学科资源共享不仅降低了教育成本，更为学生打开了一个全新的学习维度。跨学科资源共享，将会是未来教育的一个重要方向，它能够有效打破传统学科之间的界限，为学生提供更加丰富的学习资源。

除此之外，与外部企业合作的"产教研"模式也正逐渐受到各大学校的重视。与企业、科研机构、社区的深度合作，为学生带来了许多与现实世界接轨的机会，使得学生能更为贴近现实地学习和运用所学知识。这种教育模式的实施，不仅有助于学生在学术上的深入探索，更有助于他们更早地形成职业规划，与社会接轨。

总的来说，跨学科项目化教学所面临的挑战，促使教师和学校对时间和资源进行更为高效的整合与配置，从而确保为学生创造出一个全面、多元，且与社会现实紧密相连的学习环境。

---

① 朱丽桢，段兆兵. 从知识崇拜到意义生成：学生学业评价新解［J］. 当代教育科学，2022（5）：27-33.

② 李会民，代建军. 基于课程统整的跨学科项目化学习设计［J］. 教学与管理，2020（4）：29-31.

（五）启发创造力，让学习回归生活

在当今的信息化和网络化社会背景下，教育的本质已经从单纯的知识输送转为培养学生的综合能力和素养。特别是在信息科技这一领域，这种转变尤为明显。信息科技，作为现代社会的技术基石，其教育意义远不止于教授学生一些技术手段，更在于培养学生的创新思维和应用能力。

当我们说到信息科技，大家可能首先想到的是编程、算法等技术内容，其实这只是冰山一角。真正的信息科技教育应当重视将技术知识与实际应用结合，鼓励学生在解决实际问题中锻炼自己。例如，教授学生如何开发一个管理日常开支的应用并不仅仅是让他们学会编程，更重要的是让他们理解如何从用户的需求出发，设计出实用的功能，同时还需要注意用户体验、数据安全等方面的问题。

此外，面对现代社会复杂的信息环境，学生还需要学会如何筛选、评估和利用信息。例如，开发一个互动游戏时，除了需要技术知识，更重要的是要学会如何从大量的信息中筛选有用的资料，学会如何与团队成员沟通合作，如何根据反馈迅速调整自己的设计等。这些都是在现代社会中不可或缺的能力。

与此同时，信息科技教育也需要更加注重培养学生的社会责任感和公民意识。今天，数字技术已经渗透到生活的方方面面，从而带来了许多新的机会和挑战。例如，大数据、人工智能等技术为我们带来了许多便利，但同时带来了隐私、伦理等问题。因此，学生不仅需要学会如何使用这些技术，更重要的是要学会如何在使用技术的同时，兼顾公共利益，遵循伦理原则。

为此，学校和教师可以尝试引入更多的项目化学习、团队合作和模拟实践等教学方法，让学生在真实或半真实的环境中体验学习。例如，可以组织学生参与真实的社区项目，如进行现场调查，了解社区居民的需求，然后基于这些需求设计出解决方案。这种学习方式不仅可以提高学生的实践能力，还可以帮助他们建立起对社会的责任感。

面对信息化和网络化的现代社会，信息科技教育的目标不应仅仅局限于培养学生的技术能力，更应着重于培养他们的创新思维、应用能力和社会责任感。只有这样，我们才能培养出真正适应 21 世纪的数字公民。

第六章　项目化学习案例分析

行是知之始，知是行之成。

——陶行知

"基于 AIoT 的电动车安全驾驶监管系统" 单元设计

一、写在项目设计前的话

(一) 项目设计初心

当今时代，人工智能技术已逐渐渗透于我们日常生活的方方面面，如从家居自动化，到社交媒体推荐，再到医疗健康的智能诊断。然而，尽管学生在生活中频繁地与这些智能应用产生互动，他们对于背后的技术原理和其实际应用的广泛可能性仍然知之甚少。

作为教师，我们有责任将学生从被动的技术使用者培养为未来技术的创新者和领导者。九年级的学生已经对日常的人工智能技术应用有了初步的了解，但他们的认知仍停留在表层。他们知道人工智能技术可以做什么，但不知道为什么可以这么做，也不知道怎么做。为了让他们真正理解和学会应用人工智能技术，我们需要将他们从消费者的角色中解放出来，让他们成为创作者。

本项目的初心是激发学生对人工智能技术的兴趣并深入理解，帮助他们将这些技术与日常生活中的真实问题联系起来。我们期望通过这个项目，学生不仅能够掌握人工智能技术的基础原理和应用技巧，更能培养他们的创新思维、问题解决能力和跨学科的综合应用能力。我们希望学生能够从中体验到，技术不仅仅是一堆复杂的代码和算法，更是一种解决问题和创造未来的工具。

让我们一起努力，为学生提供一个真实、有趣和富有挑战性的学习环境，引导他们深入探索人工智能技术的魅力，激发他们的创新潜能，为未来的科技创新和社会发展做好准备。

（二）关于课标对学业的要求

通过学习本模块，学生会体验数据采集和处理、模型训练、模型部署、物联网数据传输、数据可视化呈现、数据反馈与应用的全过程，进一步认识人工智能，了解人工智能在社会和生活各领域中的应用，感受人工智能的魅力。如何将人工智能相关知识与其他学科相结合，让学生通过体验人工智能应用场景，意识并了解到人工智能带来的伦理与安全挑战，感受并认识到智慧社会这一新型社会形态下的新机遇与新挑战，是本模块跨学科主题学习的重要目的。

（三）学情分析

从学生的背景知识来分析，本项目的授课对象是九年级的学生，他们在八年级已经完成了对物联网知识的学习。这意味着他们对于物体之间的网络连接和数据传输有了一定的理解，知道如何使设备互相通信，以及如何从这些设备获取数据。在九年级的前期，学生已经建立了基本的人工智能知识体系，这将有助于他们更好地理解如何利用人工智能技术处理和分析数据，尤其是学生已经初步掌握了基础的图像分类和目标识别技术，这是本项目中关键的技术组成部分，将有助于学生针对电动车安全问题设计出实际的人工智能技术应用方案。

从学生的核心技能来分析，九年级学生的数学思维能力与低年级相比有所提升，这意味着他们在处理和分析数据时会更加敏锐和准确，能够更好地应用统计和算法来解决实际问题。同时随着年级的提高，学生的语言表达能力也在逐步增强。这对于团队合作、项目报告撰写以及向其他人解释和展示他们的研究成果尤为关键。

从学生的学习态度和兴趣来分析，考虑到这是一个结合现实问题和先进技术的项目，可以预期大部分学生对此项目会有浓厚的兴趣。同时，由于学生已有相关背景知识，他们在项目实施过程中的自信心和积极性可能会更高。

尽管学生具有一定的基础知识和技能，但九年级的学生要面对中考的压力，且本项目涉及的多个领域和技术可能会带来一定的挑战。例如，将人工智能技术与物联网技术相结合，设计出真正能够有效监控电动车安全驾驶的系统，这一内容可能需要更多的实践经验和深入研究。

基于此，我们可以认为九年级的学生面对本项目已经具有了坚实的基础。但在项目的执行过程中，他们可能还需要一些必要的指导和帮助，特别是在整合不同领域知识和技术时，教师应提供必要的支持，以确保学生能够成功完成项目，并从中获得宝贵的学习经验。

（四）我们期望学生学会什么

我们希望这个项目不仅仅能培养学生的技术能力，更能培养他们的创新意识、团队合作精神、社会责任感和终身学习的习惯。

1. 技术知识与应用

掌握人工智能技术的基础知识和原理，特别是与电动车安全驾驶相关的技术，如目标识别等。学会使用相关工具和软件库（如 YOLO、OpenCV）来实现具体的功能，如佩戴头盔的检测、疲劳驾驶的识别等。

2. 问题解决与创新思维

能够识别生活中存在的问题，并提出基于人工智能技术的解决方案。在实际项目实施过程中，遇到困难和挑战时，能够展现创新的解决思路和策略，并将所学的数学知识（如统计、几何、代数）应用于人工智能算法中，结合物联网知识，为电动车安全驾驶设计整合性的解决方案。

3. 团队合作与沟通技巧

在团队中扮演不同的角色，学习如何与团队成员有效沟通和合作，能够清晰、有条理地向他人介绍和解释自己的项目成果和思路。

4. 伦理和社会责任意识

深入探讨人工智能技术在社会应用中可能带来的伦理问题，如隐私、数据使用权限等。认识到自己作为技术创作者和使用者的社会责任，确保技术应用的正当性和公正性。

5. 自主学习和反思能力

能够独立寻找和整合信息资源，对自己在项目中的角色和贡献进行反思和总结，从反思中发现自己的不足，制订进一步的学习和成长计划。

（五）如何上好这个项目

对于一线普通信息科技教师来说，要上好这样一个项目，需要结合教育方法学和技术知识，采取一系列的策略和方法。以下是笔者在实践过程中总结出的一些建议：

　　第一，教师在项目开始前要深入熟悉和理解项目的设计、项目中涉及的人工智能技术和相关工具（如 YOLO）关键技术的实现。通过实践，熟悉项目的实际操作流程和可能遇到的技术难点。能根据教学进度和学生的知识水平，规划整个项目的流程和时间表。能针对性地设计各个阶段的主要活动和学习任务，确保项目的连贯性和完整性。

　　第二，兴趣是学生最好的老师，教师要充分激发学生的兴趣，提升学生的参与度，使学生真正形成项目学习的内驱力。通过真实的新闻报道或视频，展示电动车的安全问题，引起学生的关注和思考。鼓励学生分享自己的亲身经历和看法，让他们意识到项目的实际意义。作为教师，要尽可能提供一些开放性的问题和情境，鼓励学生自主选择研究方向和方法。同时，要为学生提供必要的资源和工具，但避免直接给出答案，鼓励他们自主解决问题。在项目进行的过程中，定期检查和评价学生的进度和质量，提供及时的反馈和指导。在项目结束后，组织总结和展示活动，让学生分享自己的体验和收获，同时对项目进行反思和改进。

　　第三，好的团队是项目走向成功的关键，教师要重视团队的合作与交流。教师可以根据学生的特长和兴趣，组建多元化的小组，确保每个团队都有各种能力的成员。定期组织团队交流和分享活动，鼓励学生展示自己的成果，互相学习和启发。

　　第四，在项目的推进过程中，需要以落实学科核心素养为根本目的。我们强调通过项目教学让学生形成正确的价值观、必备品格和关键技能，这也是新课标教学的目标所在。在教学过程中，引入人工智能技术的伦理和社会问题，鼓励学生进行深入的讨论和思考。教师可以通过真实的案例，让学生意识到技术的"双刃剑"效应，培养他们的社会责任感。

　　第五，活到老，学到老。教师应该保持持续学习与不断更新知识结构的习惯。由于人工智能技术领域的快速发展，教师需要不断更新自己的知识和技能。有机会多参与相关的培训和研讨会，与同行交流经验和资源，确保自己始终走在教育的前沿。

　　作为教师，关键是要真正理解学生，为他们提供一个开放、实践和探究的学习环境，同时确保他们安全、有趣和有效地完成项目任务。

"基于 AIoT 的电动车安全驾驶监管系统" 单元设计

一、基本信息					
学科	信息科技	实施年级	九年级	设计者	詹宋强
课程标准模块	人工智能与智慧社会			规划课时	9 课时
项目名称	基于 AIoT 的电动车安全驾驶监管系统				
项目主题	随着城市化的快速发展，电动车因便捷、经济和环保等优点，已成为许多人的首选出行方式。电动车相关的交通事故亦逐年上升，尤其是由不佩戴头盔、疲劳驾驶、驾驶时分心等行为导致的事故。为应对这一挑战，现代人工智能技术的图像识别和目标检测为我们提供了解决问题的可能性，我们可以利用它们来实施电动车安全驾驶的实时监测与预警。对于九年级的学生，这不仅是一个综合应用所学知识的机会，更是培养其创新、实践能力和社会责任感的绝佳平台。本项目意在将理论知识与实际问题相结合，培养学生的高阶思维和应用能力。				
项目简介	项目来源： 在今日的城市街道上，电动车已经成为一种常见的交通工具，由于它的便捷性和经济性，许多市民选择电动车作为日常的出行工具。然而，其随之带来的安全隐患也日渐显现。在上学、放学的途中，我们多次遇到与电动车有关的交通事故。传统的监管方式，如交警巡逻，存在人力不足、无法全时段覆盖等问题。基于此，结合当前的技术趋势和学校信息科技新课标的教学理念，我们决定设计一个项目，旨在利用现代技术手段，帮助监控和提醒电动车驾驶者佩戴安全头盔或集中注意力。这不仅能够解决一个实际的社会问题，也能为学生提供一个理论与实践相结合的学习平台，让他们在解决真实问题的过程中，体验技术的力量和魅力。 要解决的问题： 第一，深入理解人工智能的相关技术，如实时监测电动车驾驶员是否正确佩戴头盔，通过驾驶员的面部特征或行为，判断其是否处于疲劳驾驶状态，并在确认为疲劳状态时为驾驶员发出提醒或为交通管理部门进行标记，实时识别和记录电动车驾驶员的不安全行为，如超速、看手机、闯红灯等。 第二，数据管理与分析。如何储存、管理、分析上述数据，为交通管理部门提供决策依据，同时为驾驶员提供自身行为的反馈，促使其改正不良驾驶习惯。				

（续上表）

项目简介	第三，隐私与伦理问题。在对电动车驾驶员进行实时监测的过程中，如何确保其个人隐私不被侵犯的同时保障监管系统的伦理标准。 第四，技术普及与教育。如何促使更多的电动车驾驶员和社会大众理解、接受并支持这一监管系统；如何为其提供有关安全驾驶的知识和技巧，以增强其自身的安全意识和能力。
二、课标要求	

内容要求：

（1）通过对比不同的人工智能技术应用场景，初步了解人工智能技术中的搜索、推理、预测和机器学习等不同实现方式。

（2）通过分析典型案例，对比使用计算机传统方法和人工智能技术方法处理同类问题的效果。

（3）通过体验人工智能技术的应用场景，了解人工智能带来的伦理与安全挑战，增强自我判断意识和责任感，做到与人工智能技术良好共处。

（4）通过各个领域的人工智能技术应用，了解智慧社会是集成了多种具有人工智能技术基础设施和服务的智能生态系统的新型社会形态，认识到为保障智慧社会的安全发展，开发自主可控技术的必要性。

（续上表）

三、学习目标

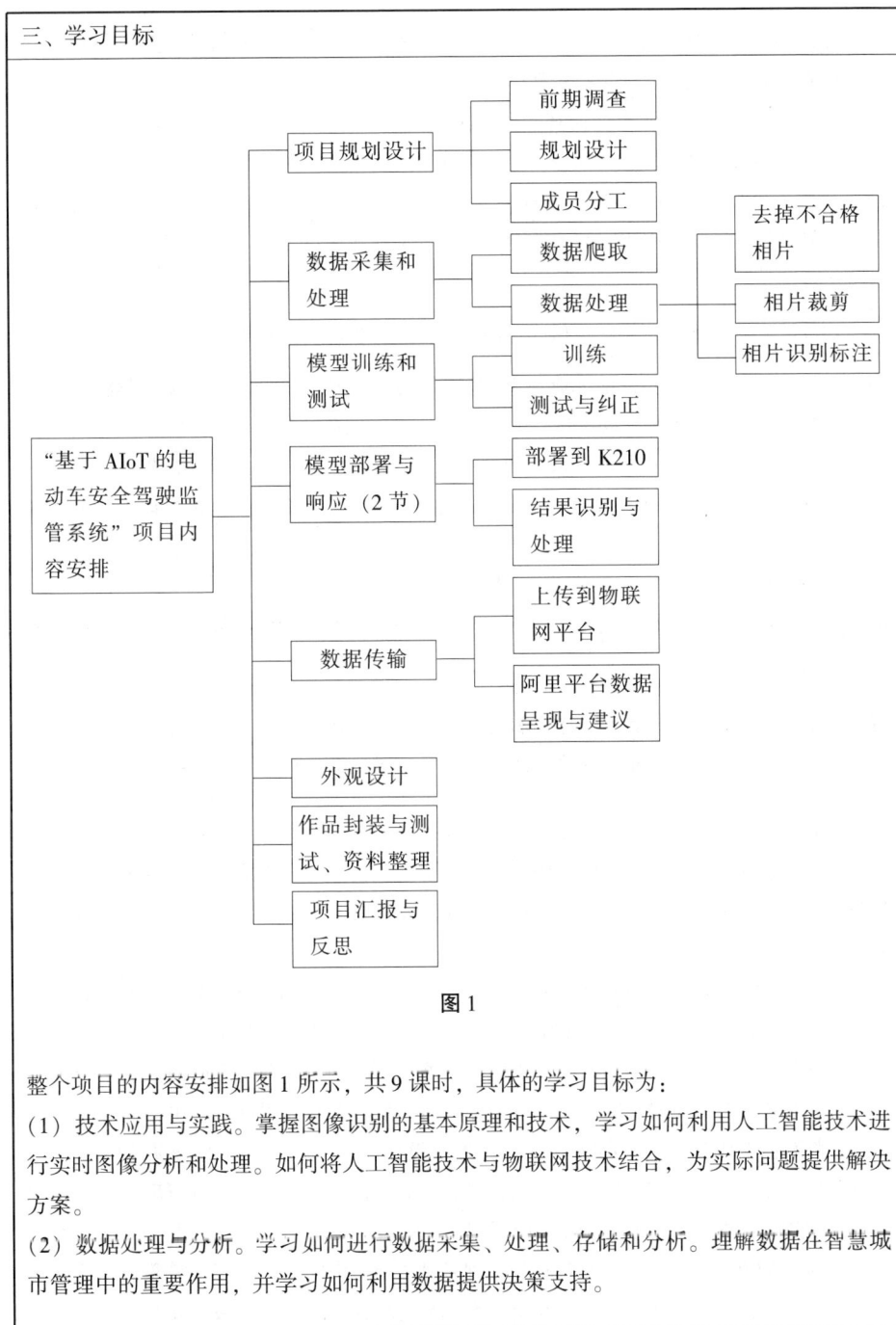

图1

整个项目的内容安排如图1所示，共9课时，具体的学习目标为：

（1）技术应用与实践。掌握图像识别的基本原理和技术，学习如何利用人工智能技术进行实时图像分析和处理。如何将人工智能技术与物联网技术结合，为实际问题提供解决方案。

（2）数据处理与分析。学习如何进行数据采集、处理、存储和分析。理解数据在智慧城市管理中的重要作用，并学习如何利用数据提供决策支持。

（续上表）

（3）伦理与社会责任。深入理解技术应用中的伦理问题，如隐私保护、数据使用权限等。培养社会责任感，认识到技术在解决实际问题时的影响和责任。 （4）团队合作与沟通。学习如何在团队中发挥自己的优势，与他人合作完成项目任务。培养有效的沟通和报告技巧，确保信息的准确传递。 （5）创新思维与解决问题的能力。面对实际问题，学习如何提出具有创新性的解决方案。培养批判性思维和解决问题的能力，以更好地在未来的工作和生活中独立思考、积极应对。
四、评价任务（可评可测，评价形式、内容和方法与学习目标相匹配）
（1）技术应用与实践评价。能完成一个小型的图像识别任务，如识别电动车驾驶员是否佩戴头盔，并利用人工智能技术进行分析。 （2）数据处理与分析评价。能对采集到的数据进行处理和分析，并撰写数据分析报告。 （3）伦理与社会责任评价。根据上述在小组讨论中的问题，形成一篇关于伦理和社会责任的小结。 （4）团队合作与沟通评价。具有团队合作能力与沟通技巧。 （5）创新思维与解决问题的能力评价。能根据项目中的实际问题，提出具有一定创意的解决方案。
五、学法建议（知道本单元在整个学科知识体系中的作用与意义，学生完成学习过程将经历的路径、课程学习中重点或难点的注意事项，课后检测使用的指导意见）
（1）了解项目在学科知识体系中的位置。本项目是一个结合人工智能技术与物联网技术的实践项目。在整个信息技术学科中，它代表了现代技术的前沿应用，展现了人工智能与物联网在日常生活中的实际意义与作用。通过此项目，更加深入地理解这两项技术的基础原理和应用方法。 （2）学习路径。在项目前期调查与规划中，要明确项目的目标，进行初步调查，制订实施计划。在数据采集与处理中，要学会从实际环境中或利用网络爬虫工具采集数据，并进行预处理。在模型训练与测试中，要理解机器学习的基础，训练自己的模型，并进行测试。在系统部署与实时反馈中，能将训练好的模型整合到物联网系统中，并实时获取反馈，将数据上传到云端进行可视化。在外观设计与系统封装中，整合艺术等学科知识，利用激光切割工具完成系统的设计和封装。最后，对项目进行汇报与反思，要及时总结学习过程，进行项目汇报，反思所遇到的问题。 （3）本项目的重点与难点。一是数据预处理是机器学习中的关键步骤，需要注意数据的质量和完整性；二是选择合适的模型和参数对于实现良好的识别效果至关重要；三是在处理实际数据时，一定要注意个人隐私和数据安全性问题。

（续上表）

（4）在项目的每个阶段结束后，对所学内容进行总结提炼，确保理解人工智能的核心知识。同时，理论知识和实际操作是相辅相成的，不要忽略任何一方。要与团队成员定期交流学习进度，解决疑难问题，面对不懂的问题，不要害怕查阅相关资料，或向教师、同学请教。

第 1 课时　学历案

课时 1 名称：项目规划设计

一、课时目标

（1）能围绕人工智能知识来探讨提高电动车的驾驶安全性，初步提出具体的建议或解决方案。

（2）能成功组建一个 4～6 人的研究团队，并根据每个成员的个人特长有效地分配团队内部的工作职责。

（3）能参照模板设计一个全面的前期调查报告，为项目的后续研究和实施提供有力的指导。

二、评价任务

（1）学生能运用所学知识，初步形成利用人工智能知识来提高电动车驾驶安全性的建议或方案。

（2）学生有效组建研究团队，明确每位成员的职责和特长，以及他们在项目中的角色。

（3）学生能提交前期调查报告草稿，报告的结构和内容要全面，能有针对性地为后续研究提供方向。

三、学习过程（有利于课时目标的达成、嵌入课时评价任务、体现学习的进阶、有利于学习方式的变革）

☑活动一：观看教师提供的电动车交通事故统计资料，综合运用八年级物联网技术和九年级人工智能技术知识，讨论如何使用人工智能技术提高电动车的驾驶安全性。根据生活经历和本地现状，确定项目的研究方向。

研究方向 1：基于人工智能的头盔佩戴监测系统。

研究方向 2：基于人工智能的电动车驾驶员疲劳检测系统。

研究方向 3：基于人工智能的电动车驾驶员行为识别与预警系统（如超速、看手机）。

（续上表）

☑活动二：4~6人为一小组，组建研究团队，并根据个人特长确定团队内部的分工。

班别		小组名称	
研究方向			
职位	姓名	职责	
组长			

☑活动三：请根据研究方向，利用课堂和课后时间从多个维度设计项目的前期调查。

项目前期调研报告

项目名称	
参与成员	
主要存在问题	
现有的解决方案	
用到的关键技术	
预期目标与挑战	

四、作业与检测（通过 UMU 平台收集）

（续上表）

五、课堂小结与评价

过程性学习评价量表

评价维度	评价指标	评价标准	得分 （1~5分）
知识应用能力	利用人工智能技术的知识提出建议或方案	完全不理解/基本不理解/一般理解/较好理解/非常好理解	
团队协作能力	组建学习团队与分工	完全不理解/基本不理解/一般理解/较好理解/非常好理解	
报告设计能力	前期调查报告的设计	完全不理解/基本不理解/一般理解/较好理解/非常好理解	

第2课时 学历案

课时2名称：数据采集和处理
一、课时目标（依据学习目标进行分解） （1）能够根据项目需求和实际情况，选择合适的数据采集方法。 （2）能熟练使用工具进行图片的整理，包括删除重复和与主题不相关的图片，对大量图片进行统一调整和格式转换。 （3）了解并掌握使用图片标注助手进行图片标注的方法。能够正确地为目标对象创建标签，并生成对应的 xml 标签文件。 （4）在小组活动中，能够有效地沟通和讨论，确保团队的工作进展顺利。 （5）能够结合真实的项目需求，综合应用所学的技能，完成图片的采集、处理和标注工作。

（续上表）

二、评价任务

（1）能够围绕小组研究方向，提出并执行合适的图片采集方案（如直接拍摄或使用网络爬虫工具）。

（2）提交处理后的图片样本，检查其是否成功删除了重复和与主题不相关的图片，并且对所有图片进行了统一的调整和格式转换。

（3）会正确使用标注工具创建合适的标签，并确保 xml 标签文件与图片标注内容相符。

（4）团队合作与沟通较好，能围绕任务共同发力。

（5）能结合项目需求，完成图片的采集、处理和标注过程，并体现所学技能的实际应用。

三、学习过程（有利于课时目标的达成、嵌入课时评价任务、体现学习的进阶、有利于学习方式的变革）

☑活动 1：小组商量，如何采集与研究方向相关的照片。

（1）直接拍摄。

（2）使用网络爬虫工具爬取（见图 1）。

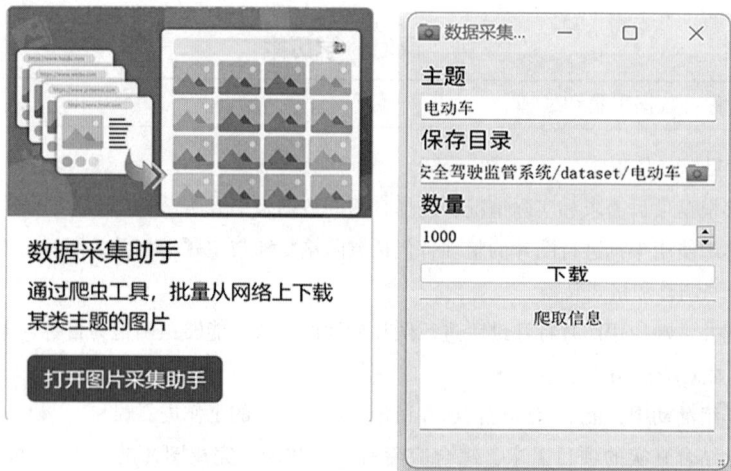

图 1

☑活动 2：图片整理，删除重复和与主题不相关的图片，使用"美图秀秀"批量处理工具快速将图片的分辨率调整为 224×224（见图 2）。

（续上表）

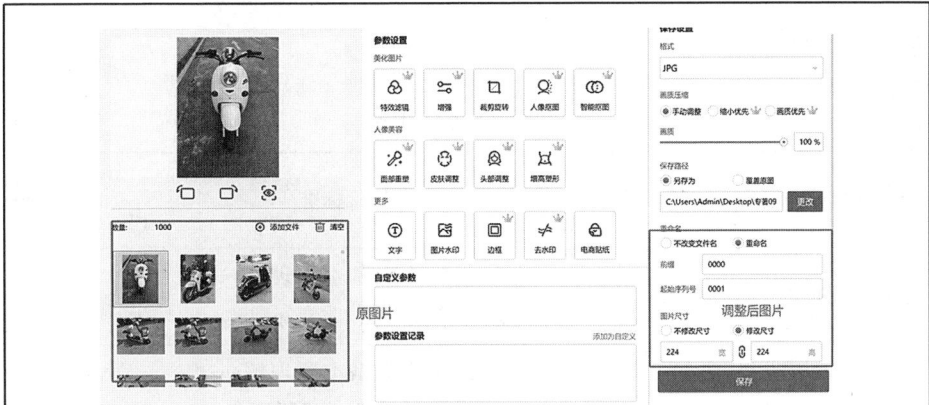

图 2

☑活动 3：使用图片标注助手，对图片进行标注并生成 xml 标签文件（见图 3）。

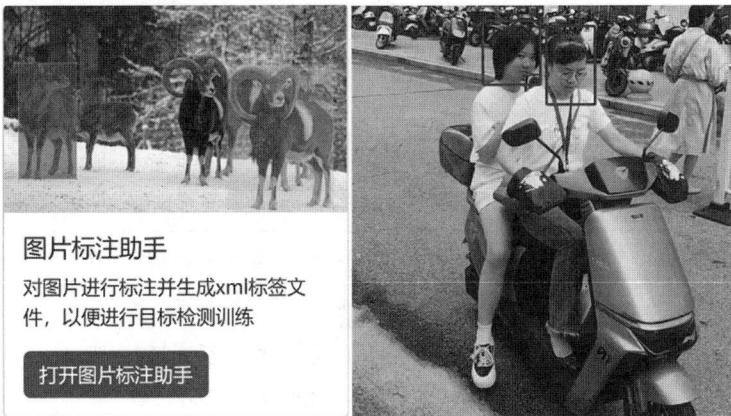

图 3

四、作业与检测（与目标匹配，分层设计）

形成与研究方向相关的数据集。

（续上表）

五、课堂小结与评价

过程性学习评价量表

评价维度	评价指标	评价标准	得分（1～5分）
数据采集技能	选择合适的采集方法	完全不理解/基本不理解/一般理解/较好理解/非常好理解	
图片处理能力	删除不相关图片	完全不理解/基本不理解/一般理解/较好理解/非常好理解	
	统一调整图片	完全不理解/基本不理解/一般理解/较好理解/非常好理解	
图片标注技巧	使用标注工具	完全不理解/基本不理解/一般理解/较好理解/非常好理解	
	创建标签和生成 xml 文件	完全不理解/基本不理解/一般理解/较好理解/非常好理解	
团队协作能力	小组内沟通效果	完全不理解/基本不理解/一般理解/较好理解/非常好理解	
	团队任务完成情况	完全不理解/基本不理解/一般理解/较好理解/非常好理解	
综合应用技能	图片采集至标注的全过程	完全不理解/基本不理解/一般理解/较好理解/非常好理解	

六、技术支持

除了用本地平台进行数据采集，也可以使用 MaixHub （网址：https：//maixhub.com/）平台进行线上采集（见图 4 至图 6）。

（续上表）

图 4

图 5

（续上表）

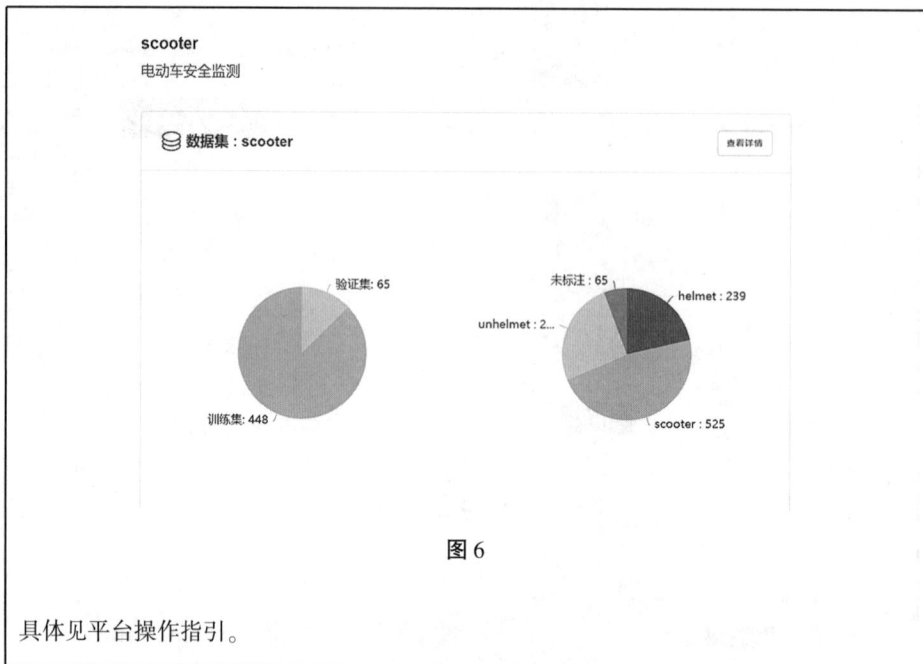

scooter
电动车安全监测

图 6

具体见平台操作指引。

第 3 课时　学历案

课时 3 名称：模型训练和测试
一、课时目标 （1）理解模型训练在整个人工智能项目中所处的位置和重要性。 （2）学会将生活中的问题转化为可用人工智能技术解决的问题，并在教师的帮助下调整和优化模型训练。 （3）初步学会分析和解读模型训练结果，以确定模型的性能和其在实际应用中可能遇到的问题。
二、评价任务 （1）学生能够描述模型训练在整个人工智能项目中的作用，并解释为什么其是实现目标识别任务的关键步骤。 （2）学生能够针对生活中的问题，提出如何使用人工智能技术解决的初步方案，并在教师的指导下，对模型训练过程中的一些参数或超参数进行调整和优化。 （3）学生能够初步分析模型训练的结果，包括理解评估指标（如准确率、损失等）的含义，并讨论模型可能遇到的问题或改进的方向。

（续上表）

三、学习过程（有利于课时目标的达成、嵌入课时评价任务、体现学习的进阶、有利于学习方式的变革）

任务一：理解如何训练目标识别的模型，并根据研究方向使用 Mx-yolo 平台进行模型训练。

思考：机器为什么能识别物品？它是如何学习的（见图1至图2）？

图 1

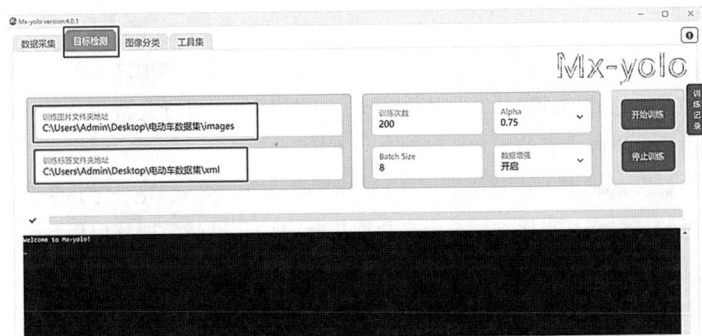

图 2

任务二：了解训练结果数据的含义（见图3至图4）。

图 3

（续上表）

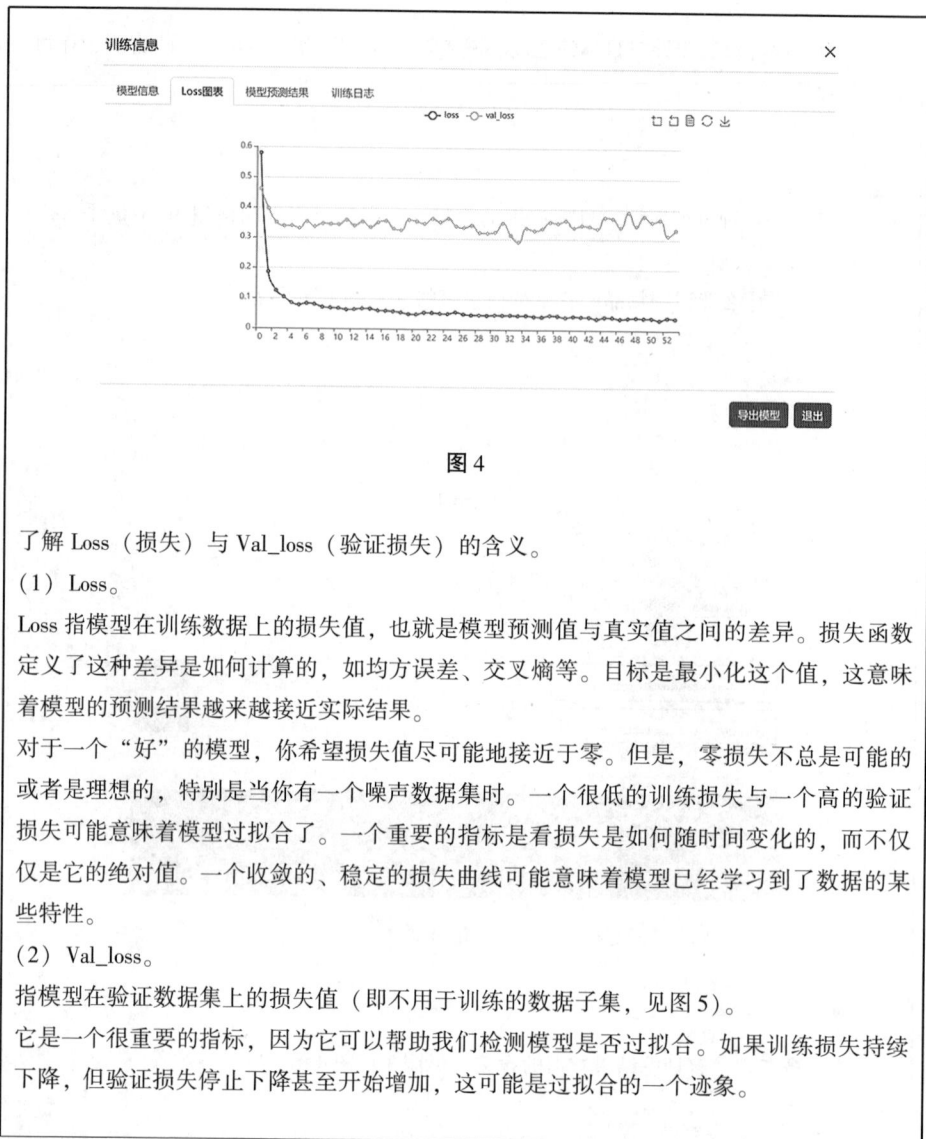

图 4

了解 Loss（损失）与 Val_loss（验证损失）的含义。

（1）Loss。

Loss 指模型在训练数据上的损失值，也就是模型预测值与真实值之间的差异。损失函数定义了这种差异是如何计算的，如均方误差、交叉熵等。目标是最小化这个值，这意味着模型的预测结果越来越接近实际结果。

对于一个"好"的模型，你希望损失值尽可能地接近于零。但是，零损失不总是可能的或者是理想的，特别是当你有一个噪声数据集时。一个很低的训练损失与一个高的验证损失可能意味着模型过拟合了。一个重要的指标是看损失是如何随时间变化的，而不仅仅是它的绝对值。一个收敛的、稳定的损失曲线可能意味着模型已经学习到了数据的某些特性。

（2）Val_loss。

指模型在验证数据集上的损失值（即不用于训练的数据子集，见图 5）。

它是一个很重要的指标，因为它可以帮助我们检测模型是否过拟合。如果训练损失持续下降，但验证损失停止下降甚至开始增加，这可能是过拟合的一个迹象。

（续上表）

图 5

任务三：生活当中还有哪些情况可以使用目标识别技术来解决问题？

我想到的是：

四、作业与检测（与目标匹配，分层设计）

生成适合部署的模型。

五、课堂小结与评价

过程性学习评价量表

评价维度	评价指标	评价标准	得分（1~5分）
理解模型训练的位置和重要性	能够描述模型训练在整个人工智能项目中的作用	完全不理解/基本不理解/一般理解/较好理解/非常好理解	

（续上表）

（续上表）

评价维度	评价指标	评价标准	得分 （1~5 分）
问题转化和模型调整	能够提出初步的问题解决方案，并调整模型训练参数	完全不理解/基本不理解/一般理解/较好理解/非常好理解	
模型训练结果分析	能够分析模型训练的结果，理解评估指标的含义	完全不理解/基本不理解/一般理解/较好理解/非常好理解	

六、技术支持

如果机器配置不高，特别是 GPU 不强，训练大型模型或处理大量数据会变得困难。但还是有一些策略可以帮助我们更有效地处理这种情况——使用云计算服务（https：//maix-hub. com/welcome，见图 6）。

图 6

第 4 ~ 5 课时　学历案

课时 4 ~ 5 名称：模型部署与响应

一、课时目标

（1）能理解将已训练好的人工智能模型部署到 K210 板上的基本步骤，并验证部署的模型在 K210 板上的检测效果。

（2）能够与小组成员协作完成模型部署任务，一起解决问题，并根据教师提供的指导进行操作。

（3）能够正确配置掌控板与 K210 板的硬件连接，并确保二者能够正常通信。

（4）能接收从 K210 板发送的监测数据，并能够成功获取数据。

（5）能够使用编程语言对接收到的数据进行统计和分析，以获得有关电动车驾驶情况的信息。

二、评价任务

（1）学生能够详细描述将人工智能模型部署到 K210 板上的步骤，并理解部署过程中各个环节的作用，同时能够演示如何验证部署的模型在 K210 板上的检测效果。

（2）学生在小组内协作完成模型部署任务，能够有效地沟通和合作。小组能成功解决遇到的部署问题，或者提出改进意见。

（3）学生能够正确配置掌控板与 K210 板的硬件连接，确保二者能够正常通信。评估学生的配置是否准确。

（4）学生能够编写掌控板上的程序，以接收从 K210 板发送的检测数据，并能够成功获取数据。评估学生的编程技能和数据接收能力。

（5）学生使用编程语言对接收到的数据进行统计和分析，以获得有关电动车驾驶情况的信息。评估学生对数据处理和分析的理解和应用能力。

三、学习过程（有利于课时目标的达成、嵌入课时评价任务、体现学习的进阶、有利于学习方式的变革）

　　　任务一：将训练好的模型部署到 K210 板（以识别头盔为例）。

以两个模型为例：

模型 1：bike. kmodel，识别电动车的模型

模型 2：helmet. kmodel，识别是否佩戴头盔的模型

在 MIND + 中，选择 Maixduino 主控板（见图 1）。

（续上表）

图 1

在功能模块中，添加人工智能模块（见图 2）。

图 2

（续上表）

在 MIND + 中，进行模型初始化（见图 3）。

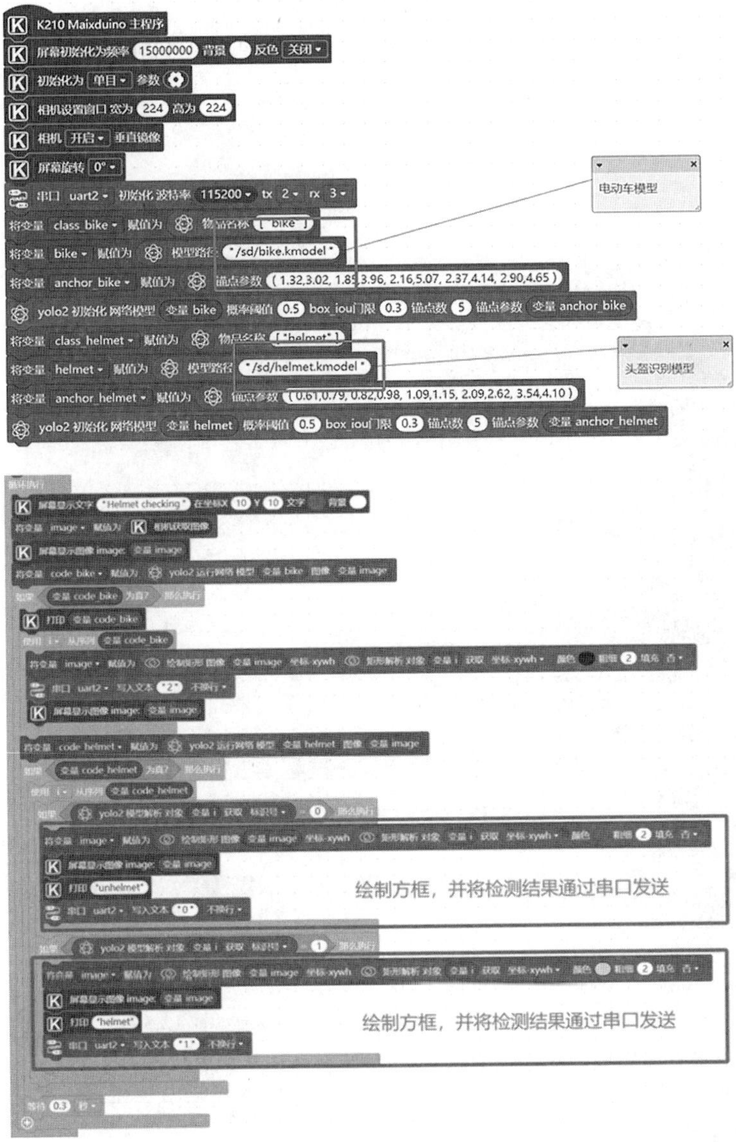

图 3

（续上表）

模型应用到真实场景中，并将检测结果通过串口发送到掌控板。

　　任务二：用掌控板接收 K210 的数据，并实现对电动车驾驶监测数据进行统计（见图4）。

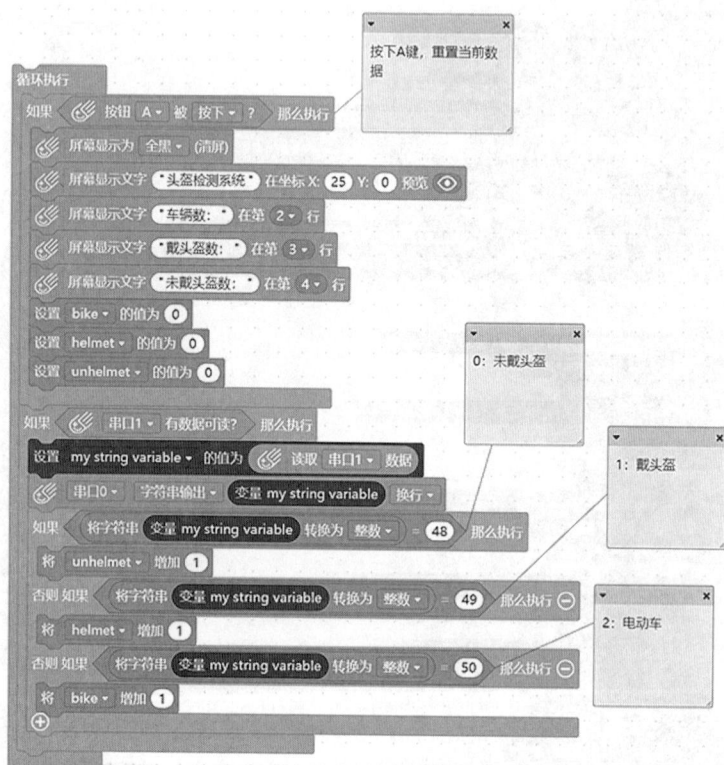

图4

思考：K210 板是如何与掌控板通信的？

四、作业与检测（与目标匹配，分层设计）

初步形成项目模型（程序设计）。

（续上表）

五、课堂小结与评价

过程性学习评价量表

评价维度	评价指标	评价标准	得分 （1~5分）
模型部署到K210板	部署流程理解与检测	完全不理解/基本不理解/一般理解/较好理解/非常好理解	
	团队协作和问题解决	完全不理解/基本不理解/一般理解/较好理解/非常好理解	
数据接收与处理	硬件连接配置	完全不理解/基本不理解/一般理解/较好理解/非常好理解	
	编程与数据接收	完全不理解/基本不理解/一般理解/较好理解/非常好理解	
	数据统计与分析	完全不理解/基本不理解/一般理解/较好理解/非常好理解	

第 6 课时　学历案

课时 6 名称：数据传输

一、课时目标

（1）能够小组协作完成将检测到的数据上传到阿里云物联网平台。

（2）能够将监测到的数据以图形化的方式呈现，确保数据可视化的效果清晰明了，以给交警部门提供直观的出警参考信息。

（3）在小组协作中，能够有效沟通、协商任务分工，并按时完成任务，确保项目进度。

（4）充分理解数据上传与可视化的意义，能够将所学技能应用于解决实际问题，为电动车驾驶监管提供有用的信息支持。

（续上表）

二、评价任务 （1）在小组协作中，能成功将检测到的数据上传到阿里云物联网平台。 （2）能够以图形化的方式清晰明了地呈现监测到的数据，以给交警部门提供直观的出警参考信息。 （3）在小组协作中，能够有效地沟通、协商任务分工，以及是否按时完成任务以确保项目进度。 （4）能够充分理解这些过程的意义，并将所学技能应用于解决实际问题，为电动车驾驶监管提供有用的信息支持。
三、学习过程（有利于课时目标的达成、嵌入课时评价任务、体现学习的进阶、有利于学习方式的变革） 　　　　任务一：将所检测的数据上传到阿里云物联网平台（图1）。   图1 思考：阿里云与 MixlO 平台有哪些异同？

（续上表）

任务二：将监测数据可视化呈现，为交警部门提供出警参考（见图2至图3）。

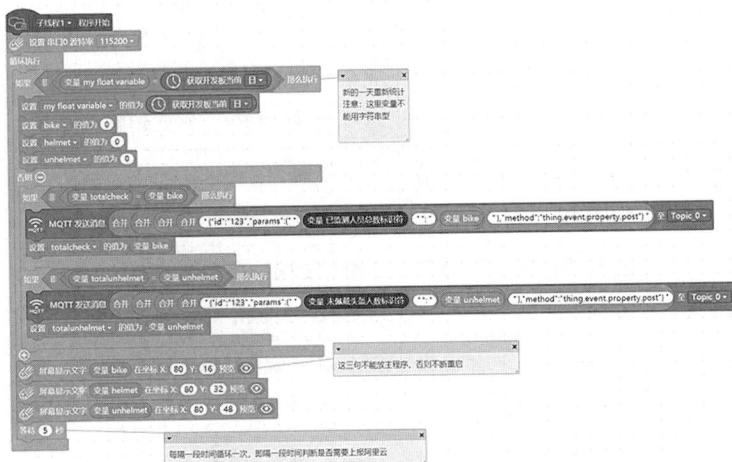

图 2

基于AIoT的电动车安全驾驶监管系统

各交通路口电动车人员
佩戴头盔实时统计状态 | 点击查看历史记录

沙湾路采集点：	海田路采集点：	寸金路采集点：
已识别电车人数：4	已识别电车人数：634	已识别电车人数：877
未佩戴头盔人数：2	未佩戴头盔人数：89	未佩戴头盔人数：56

图 3

四、作业与检测（与目标匹配，分层设计）

初步形成项目模型（物联网传输）。

（续上表）

五、课堂小结与评价

过程性学习评价量表

评价维度	评价指标	评价标准	得分 （1～5 分）
数据上传技能	成功将数据上传到阿里云物联网平台	完全不理解/基本不理解/一般理解/较好理解/非常好理解	
数据可视化技能	数据可视化的效果清晰明了	完全不理解/基本不理解/一般理解/较好理解/非常好理解	
团队协作与沟通能力	有效地沟通、协商任务分工	完全不理解/基本不理解/一般理解/较好理解/非常好理解	
	按时完成任务并确保项目进度	完全不理解/基本不理解/一般理解/较好理解/非常好理解	
理解和应用知识	理解数据上传与可视化的意义	完全不理解/基本不理解/一般理解/较好理解/非常好理解	
	将技能应用于实际问题，为监管提供信息支持	完全不理解/基本不理解/一般理解/较好理解/非常好理解	

第 7 课时　学历案

课时 7 名称：外观设计

一、课时目标

（1）能够理解艺术性和稳定性在作品外观设计中的重要性，并能够将这两条原则融合到自己的设计中。

（2）能够熟练使用 LaserMaker 工具，遵循艺术性和稳定性的原则来设计作品的外观。

（3）能够勇于向他人展示自己的设计，积极听取并接受教师和同学们的意见与建议，进而对设计进行优化和改进。

（4）能正确操作激光切割机，实现自己设计作品外观的切割。

（5）能够与小组成员有效沟通，确保在设计、展示和切割过程中的任务分工合理，保证作品的完成质量。

（续上表）

二、评价任务

（1）根据最终设计结果，评估小组是否遵循了艺术性和稳定性的原则。

（2）小组是否对接收到的意见和建议进行了有效的整合和设计改进。

（3）评估切割完成后的作品外观是否与设计稿相符，以及切割的准确性。

（4）观察并记录小组成员在设计、展示和切割过程中的沟通与合作情况，评估团队的沟通效果及任务分工的合理性。

三、学习过程（有利于课时目标的达成、嵌入课时评价任务、体现学习的进阶、有利于学习方式的变革）

任务一：遵循艺术性、稳定性的原则，使用LaserMaker设计出作品的外观（可以参考图1）。

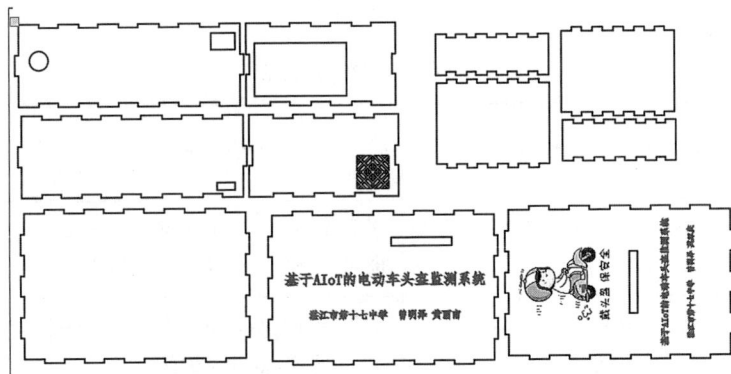

图1

任务二：向别人展示小组的设计，接受教师和同学们的意见和建议，对设计进行优化和改进。

任务三：在教师的帮助下，使用激光切割机切割出作品外观（见图2）。

（续上表）

图 2

四、作业与检测（与目标匹配，分层设计）

作品外观设计图、实物。

五、课堂小结与评价

过程性学习评价量表

评价维度	评价指标	评价标准	得分（1～5分）
设计原则应用	遵循艺术性和稳定性原则	完全不理解/基本不理解/一般理解/较好理解/非常好理解	
工具操作熟练度	使用 LaserMaker 工具的能力	不会操作/基本会操作/一般熟练/较为熟练/非常熟练	
反馈整合能力	对接收到的意见和建议的整合及改进	完全未整合/偶尔整合/有时整合/大部分时间整合/完全整合	
操作技巧与准确性	激光切割机的操作与切割结果对比设计稿	完全不符/基本不符/大致相符/很接近/完全相符	
团队合作与沟通	小组成员之间的沟通和合作情况	没有沟通和合作/基本没有沟通和合作/有时沟通和合作/大部分时间沟通和合作/完全沟通和合作	

第 8 课时 学历案

课时 8 名称：作品封装与测试、资料整理

一、课时目标

（1）掌握作品封装的基本方法和注意事项。

（2）理解和掌握系统测试的重要性与基本步骤。

（3）小组合作完成作品的封装，并进行系统测试，确保系统的稳定性和功能的完整性。

（4）学会根据测试结果对作品进行必要的调整和优化。

（5）学会制作完整的项目文档，包括作品源代码、设计文档、测试报告、汇报 PPT 以及图片和视频资料等。

二、评价任务

（1）知道作品封装的方法和注意事项。

（2）知道系统测试的重要性和基本步骤。

（3）提升小组合作完成作品封装和系统测试的能力。

（4）能够根据作品的测试结果对作品进行进一步的调整和优化。

（5）提交完整的项目文档，展示其是否能够完整地记录项目的所有过程。

三、学习过程（有利于课时目标的达成、嵌入课时评价任务、体现学习的进阶、有利于学习方式的变革）

任务一：小组合作完成作品的封装。

思考：作品封装的基本方法和注意事项有哪些？

任务二：小组合作完成作品的封装，并进行系统测试，确保系统的稳定性和功能的完整性。

可从以下几方面进行系统测试：

（1）功能测试。确保系统的每一个功能都正常。

（2）性能测试。测试系统的性能，如响应速度、处理能力等。

（3）稳定性测试。长时间运行系统，确保系统的稳定性。

（4）异常测试。模拟一些异常情况，测试系统的异常处理能力。

（5）环境测试。在不同的环境下测试系统，如不同的温度、湿度、光照等。

小组作品测试报告为：

（续上表）

<table>
<tr><td colspan="6" align="center">作品测试报告模板</td></tr>
<tr><td colspan="6">班别：　　　　　　小组名称：　　　　　　　　测试时间：</td></tr>
<tr><td>测试项目</td><td>预期结果</td><td>实际结果</td><td>是否通过</td><td>问题描述</td><td>解决方案</td></tr>
<tr><td>功能一</td><td>描述预期的结果</td><td>描述实际的结果</td><td>是/否</td><td>描述遇到的问题</td><td>描述解决的方法</td></tr>
<tr><td>功能二</td><td>描述预期的结果</td><td>描述实际的结果</td><td>是/否</td><td>描述遇到的问题</td><td>描述解决的方法</td></tr>
<tr><td>……</td><td>……</td><td>……</td><td>……</td><td>……</td><td>……</td></tr>
<tr><td></td><td></td><td></td><td></td><td></td><td></td></tr>
<tr><td></td><td></td><td></td><td></td><td></td><td></td></tr>
</table>

说明：

测试项目：描述被测试的功能或者模块。

预期结果：描述测试项目预期的结果。

实际结果：描述测试项目实际的结果。

是否通过：表明测试项目的实际结果是否符合预期结果。

问题描述：如果测试未通过，描述遇到的问题。

解决方案：描述解决遇到的问题的方法。

任务三：请列出小组的作品资料，并一一对应落实，项目完成后打包上交给教师。

作品资料清单

班别：　　　　　　小组名称：　　　　　　　　提交时间：

资料名称	文件名	数量	整理人	备注
作品源代码				
设计文档				
测试报告				
汇报材料				
图片				
视频				

（续上表）

任务四：请根据作品的功能，完成项目展示与汇报的内容，并制作汇报 PPT。

项目展示与汇报框架

项目名称			
团队名称		汇报日期	
引言	（简要介绍自己和作品的背景）		
问题定义	（清晰地阐述作品解决的问题）		
解决方案	（详细介绍作品，包括设计理念、关键技术、功能特点等）		
作品功能展示	（通过图片、视频、现场演示等方式，展示作品的功能）		
效果分析	（展示作品的效果，可以是数据、图表、对比实验等）		
总结与展望	（总结作品的重要性和价值，讨论作品的不足之处，展望未来的发展方向）		

四、作业与检测（与目标匹配，分层设计）

作品测试报告、完整的作品资料档案。

（续上表）

五、课堂小结与评价

过程性学习评价量表

评价维度	评价指标	评价标准	得分 （1~5分）
知识与技能	掌握作品封装的基本方法与注意事项	完全不了解/略懂/一般/较熟悉/非常熟悉	
	掌握系统测试的重要性和基本步骤	完全不了解/略懂/一般/较熟悉/非常熟悉	
合作与交流	能在小组中有效合作，共同完成作品封装和系统测试	完全不参与/基本不参与/一般参与/积极参与/非常积极参与	
思维与创新	能根据测试结果对作品进行必要的调整和优化	完全不能设计/基本不能设计/能设计但有很多缺陷/能设计但有些缺陷/能完美设计	
责任与态度	重视系统的稳定性和功能的完整性，能确保作品的质量	完全不尊重/基本不尊重/一般尊重/较尊重/完全尊重	
解决问题的能力	能够通过整理的资料追溯项目中出现的问题	完全不了解/略懂/一般/较熟悉/非常熟悉	
信息技术应用能力	能够使用适当的工具进行资料的整理和归纳	完全不了解/略懂/一般/较熟悉/非常熟悉	

第9课时 学历案

课时9名称：项目汇报与反思

一、课时目标

（1）了解如何进行作品的自我评价，包括识别作品的亮点和不足之处。

（2）学会接受他人的评价，并能够根据他人的评价对作品进行改进。

（3）提升个人的沟通能力和表达能力。

（4）了解作品的实际应用价值和社会价值。

二、评价任务

（1）拥有自我评价的能力，包括是否能够识别作品的亮点和不足之处。

（2）拥有接受他人评价的能力，包括是否能够根据他人的评价对作品进行改进。

（3）拥有沟通和表达能力，包括在展示过程中表达的清晰度、完整性、逻辑性以及反应能力。

（4）对作品实际应用价值和社会价值的理解程度。

三、学习过程（有利于课时目标的达成、嵌入课时评价任务、体现学习的进阶、有利于学习方式的变革）

热身活动

☑活动：本小组展示的分工为：

序号	姓名	分工	备注
1			
2			
3			
4			
5			
6			

任务：各小组向全班展示作品，接受教师、同学们的意见和建议。

四、作业与检测（与目标匹配，分层设计）

（续上表）

五、课堂小结与评价

过程性学习评价量表

评价维度	评价指标	评价标准	得分 （1~5分）
自我评价能力	识别作品的亮点	完全不了解/略懂/一般/较熟悉/非常熟悉	
	识别作品的不足之处	完全不了解/略懂/一般/较熟悉/非常熟悉	
接受他人评价的能力	根据他人的评价对作品进行改进	完全不了解/略懂/一般/较熟悉/非常熟悉	
沟通表达能力	清晰、有逻辑地展示作品	完全不了解/略懂/一般/较熟悉/非常熟悉	
	回答听众提问	完全不了解/略懂/一般/较熟悉/非常熟悉	
作品价值认知	了解作品的实际应用价值	完全不了解/略懂/一般/较熟悉/非常熟悉	
	了解作品的社会价值	完全不了解/略懂/一般/较熟悉/非常熟悉	

二、项目反思

在实施"基于 AIoT 的电动车安全驾驶监管系统"项目过程中，我们体验了从项目规划、团队协作、技术学习与应用、实践操作到最终展示的全过程。以下是对该项目实施效果的反思。

（一）项目规划与团队协作

在项目规划阶段，我们明确了项目目标和研究方向，合理分配了团队成员的角色和职责。通过此过程，学生不仅学会了如何制订可行的项目计划，也锻炼了团队合作能力。我们发现，明确的分工和责任使得每位成员都有目标感与责任感，大大提高了团队的整体效率。

然而，我们也面临一些挑战，如沟通不畅和分工不均等问题。有些学生在项目中表现为袖手旁观，没有充分发挥自己的作用。这提示我们，在今后的项目中需要更加注重团队建设，确保每位成员都能参与到项目中，发挥自己的长处。

（二）技术学习与应用

本项目涉及人工智能与物联网两大技术领域，学生需要掌握如数据采集、模型训练、系统部署等方面的技术。我们通过一系列的课堂教学、实践活动和在线资源学习，使学生逐步理解和掌握了这些技术。学生能够独立完成从数据收集到模型训练再到系统部署的整个过程，显示出了良好的技术应用能力。

尽管如此，技术学习的过程并非一帆风顺。例如，一些学生在模型训练和系统部署过程中遇到了困难，如模型准确率不高或部署出现错误等。这要求教师不仅要提供理论知识，还要提供实践操作的指导和支持，帮助学生克服技术难关。

（三）实践操作与问题解决

在项目的实践操作中，学生能够将所学的理论知识和技术应用于解决实际问题，如利用人工智能技术监测电动车驾驶行为。这不仅提高了他们的动手能力，也锻炼了他们解决问题的能力。

然而，实践过程中也会暴露出一些问题，如数据质量不高、模型稳定性不足等。这些问题迫使学生不断地调整和优化他们的解决方案，从而深化了他们对技术和项目实施的理解。

（四）展示与评价

项目的最后阶段是项目汇报与反思，这不仅是对学生工作的总结，也是对他们学习成果的检验。通过展示，学生有机会向他们的同学和老师展示自己的工作成果，并接受评价和反馈。

我们注意到，尽管大多数学生能够清楚地展示自己的项目，但在表达和沟通方面仍有提升的空间。此外，学生对作品的自我评价和接受他人评价的能力需要进一步培养。

（五）总结与展望

总的来说，"基于 AIoT 的电动车安全驾驶监管系统"项目是一个成功的跨学科项目化学习实践。它不仅提高了学生的技术能力，更重要的是培养了他们的团队合作、解决问题和创新思维等综合能力。

未来，我们将进一步优化项目设计，加强团队建设和个人能力培养，确保每位学生都能在项目中发挥作用，实现个人成长。同时，我们将持续探索新的教学方法和技术应用，为学生提供更加丰富和深入的学习体验。

后 记

写这本书并非偶然。其初始源自一个使命——广东省中小学"百千万人才培养工程"的写作任务。这并不是一个简单的目标，而是一个充满责任和难度的挑战。面对如此艰巨的工作，我坦白承认，初时的我是有些忐忑的。尽管我有一颗对教育的热忱之心，但那时的我深知，单纯的热情是难以撑起这本书的。

一年来，我穿梭在知识的海洋中，渴望为这本书寻找到更深的养分。为了保证书稿的专业性与深度，我翻阅了众多教育领域的专著、文献，深入每一个角落，希望从中汲取智慧。而培训与学习，更是我这段时期的主题。每一次参与，每一次学习，都是我为这本书注入新养分的印迹。

面对终稿，心中的感慨自然难以用言语表达。每当我放下笔，抬头望向窗外，都会思考：在这个充满数字信息的时代，我们如何为下一代提供更好的教育？我想每一个致力于教育的人，都应该对此进行深度的思考。本书也正是基于这样的问题，希望为广大教师提供一个新的思考角度和工具，为现代教育尤其是新课改注入一股新的活力，找到一个既贴合当下，又充满未来感的答案。

自第一页起，我们就一同跨越了从传统的信息教育到项目化学习的旅程。沿途，我们一同探索了这个转型过程中的各种关键要素：从教材的选用，到教学方法的革新，再到教育评价的更新。每一个细节，都代表了教育的进步和变革。而当我们深入到项目化学习，更能体会到它所带来的深刻影响和巨大潜力。

项目化学习，不仅仅是教育方法上的一个创新，更是一种全新的教育观念。它鼓励学生走出教室，面对真实的世界，激发他们的好奇心和探索欲。在这样的学习过程中，学生不再是被动的接受者，而是成为主动的参与者、创新者。这样的教育，更能培养出符合 21 世纪数字化时代要求的学生，具备批判性思维和解决问题的能力。

在此刻，当 5G、人工智能、物联网等技术在我们的眼前迅速崛起，我们仿佛站在一个数字化的黄金时代门槛上。每一次技术的飞跃、每一抹创新的光芒，都在助力我们的社会前进。这不仅仅是技术的进步，同时为教育界带来了无限的机遇和深刻的挑战。在这样的背景下，仅仅紧跟技术的发展已不足够，更为关键的是深度认识这些技术带给我们的变革。

"信息技术"与"信息科技"，虽然在字面上只相差一字，但它们所承载的深度与广度大不相同。信息技术更多地侧重于工具和应用，而信息科技则是一个宏大的交叉学科领域，涵盖了科学、技术、工程、艺术及数学等。我们的教育不再仅仅是传授如何使用某个工具，而是如何培养学生的创新思维，锻炼他们解决问题的能力，以及如何进行跨领域的合作。这是一个引领学生走向未知世界的旅程，鼓励他们在不断的探索与创新中找到自己的独特定位。

因此，对于每一位教师，理解并深入推进信息科技教育不仅是一个选择，更是一种责任。为了满足这一要求，传统的教学模式已显得捉襟见肘。我们都知道，常规课堂与真实世界往往相互隔离，如两个孤岛。项目化学习，如同一座彩虹般的桥梁，为学生搭建了从课堂到实际应用的通道。它让学生深刻地感受和理解知识背后的意义，让他们真正地"知其然，也知其所以然"。项目化学习，是为这样的目标而设计的。不仅为学生提供知识，更深化了他们的情感、态度和价值观，同时鼓励他们面对挑战，体验失败与成功，从而塑造他们的意志和心态。

作为教师，我们应当认识到项目化学习不仅仅是一种教育方法，更是一种教育哲学。这种哲学不仅教育学生如何学习，更重要的是教他们如何思考、如何创新，从而培养他们成为真正的创造者，适应并引领这个不断进化的时代。

在项目化学习这条新的探索之路上，我们的角色显得尤为关键。教师不再是简单的知识传授者，更是项目的设计师、学生的合作伙伴，是他们遇到困难时的指路人。我们为学生提供必要的资源和支持，同时鼓励他们独立思考、勇于尝试，确保每一个项目都能为学生带来真正的成长。

时代的车轮滚滚前进，教育的形态也随之发生变化。身处新课改的我们，如何适应并引领这一轮变革，显得尤为重要。首先，我们需要提升自身如物联网、人工智能方面的专业知识储备，不断深化对项目化学习理念的理解，确保其在实践中的应用能够真正符合其核心精神。其次，面对不断更新的教育技术和方法，我们应持续学习，提升自己的教育技能和素养，确保自己始终站在教育前沿。最后，我们需要不断反思自己的教学实践，从中总结经验，不断优化自己的教育方法，这是很重要的。

在这个信息爆炸的时代，知识的获取途径多种多样，但真正的教育仍然不能缺失教师的参与。我们不仅仅是知识的传递者，更是价值的引导者。在项目化学习中，我们更是承担起了培养学生综合能力、塑造其完整人格的重要任务。这不仅是一份职业，更是一种使命，需要每一位教师深深地承担起对每一个学生、对整个社会的责任。

近年来，我紧跟新课标的步伐，开发了一系列项目化学习案例，旨在激发学生的探究精神和实践能力。这些案例包括：

"使用互联网介绍我的家乡"项目：该项目强调了互联网在当代教育中的实际应用。学生利用互联网，深入挖掘自己家乡的文化和历史，使得学生在完成该项目的过程充满了探索和创新欲望。通过该项目，学生对家乡文化和地理特征进行了深入了解，让他们对本土文化有了更深刻的认识和归属感。

"绿色守护者——基于 IoT 的植物养护系统"项目：该项目通过物联网技术，引导学生设计智能种植解决方案，培养他们的环保意识和科技创新能力。

由于篇幅所限，本书中仅详细介绍了"基于 AIoT 的电动车安全驾驶监管系统"项目的设计案例。这一案例不仅展示了如何将人工智能与物联网技术应用于实际问题解决，也为学生提供了一个跨学科学习和创新的平台。

对于所有案例的完整内容及其后续更新，读者可以通过访问我的 UMU 平台空间获取。在那里，读者将找到更多的教学资源和案例分析，以支持教学和学习需求。

这些案例的开发既是我过去多年的实践，也是我对项目化学习未来发展的期待。从互联网创新应用，到物联网探索与实践，再到人工智能与智慧社会，我们看到了技术在教育中的逐步渗透和融合。而背后，正是项目化学习这种教学理念的推动，使学生能够更好地融入这个数字化时代，成为真正的创新者和实践者。

当然，案例或许有许多不成熟的地方，如在常规课堂上，面对不同的学生会有截然不同的效果，甚至会有失败的体验。但这也是我想跟大家分享的，任何一项课程改革，尤其是项目化学习在常规课堂的推进，都不是一蹴而就的，需要教师和学生共同努力、共同探索。更重要的是，这种学习方式真正激发了学生的主动性和创造性，使他们不再是被动的知识接受者，而是主动的知识创造者和实践者。

回首过去的经验，那些活生生的案例不仅验证了项目化学习的有效性，更为我们指出了前进的方向，提醒我们在实施过程中需要注意的问题。每一次反馈、每一个启示，都是我们前进的动力，都让我们对项目化学习充满了信心和期待。

可以预见，在不远的未来，课堂将不再是单向的知识传递，而是一个解决真实问题、跨学科合作的舞台。项目化学习所带来的不仅仅是知识的更新或技能的培养，更深层次地，它能够培养学生的创新思维、团队协作能力、批判性思考能力和社会责任感。这些软实力，在未来的工作和生活中，将为他们带来无可估量的价值。与此同时，它也将为教师提供一个更新的教学模式，使教育真正回归到培养人的本质。

未来的教育不仅仅是教师的事，更是全社会共同的责任。我们需要不断更新自己的理念，跳出传统的教育框架，勇于尝试和实践；学生则需要树立自主学习的观念，主动探索和挑战；家长要给予孩子足够的信任和支持，不再拘泥于应试教育的桎梏；而社会更应为项目化学习提供一个广阔的平台，无论是资源、合作还是反馈。

在这个日新月异的时代，教育革命的枪声已经打响。项目化学习，正是这场革命中的一股清流，它所带来的改变和价值，值得我们每一个人期待、探索和付出。让我们携手，为未来的教育描绘一幅更加灿烂的蓝图。

经过一年多的努力，本书此刻终于接近尾声，而我的内心充满了感激与期待。

首先，我必须向"百千万"这一培养平台致以最深的感谢，其为我提供了不竭的前进动力。三位导师在整个培养过程中的细致指导，让我受益匪浅。我也要特别感谢我们班级中，来自各个城市的 34 位兄弟姐妹，尤其是同学科的陈卫军、叶均杰两位同行，正是你们丰富的经验和独到的见解使得本书的每一页都散发出深厚的教育意义。此外，感谢我工作室的伙伴们以及湛江市第十七中学的同事们的大力支持，为本书提供了强大的后盾。我也必须向本书的编辑和撰写本书过程中给予我帮助的专家表示感谢，正是你们的精心打磨，才使得本书为读者带来了超乎期待的阅读体验。

其次，我要对给予本书支持与反馈的读者说声感谢。每一次的反馈，都是对我的鼓励和激励。你们的实际行动，让我看到了项目化学习在实际教育场景中的潜能。

站在这个数字时代的十字路口，我深感教育的重要性与紧迫性。因此，我真诚地邀请每一位读者，将书中的理念和策略应用到实际教学中。希望你们能深入推广项目化学习，使之成为推动新课标教育变革的力量。

最后，我希望那些已经或即将走上项目化学习道路的读者，能与我分享你们的实践经验和成果。

未来已来，将至已至，以梦为马，不负韶华。

詹宋强

2024 年 4 月于湛江